Jürgen Hübschen

„HECHT IST LEIDER AUS ODER: WORÜBER ICH MICH IMMER SCHON MAL AUFREGEN WOLLTE"

a

agenda Verlag

Münster

2010

Bibliografische Information der Deutschen Nationalbibliothek

Die Deutsche Nationalbibliothek verzeichnet diese Publikation in
der Deutschen Nationalbibliografie; detaillierte bibliografische Daten
sind im Internet über http://dnb.d-nb.de abrufbar.

© 2010 agenda Verlag GmbH & Co.KG
Drubbel 4, D-48143 Münster
Tel.: +49-(0)251-799610 | Fax +49-(0)251-799519
www.agenda.de | info@agenda.de
Layout, Satz und Umschlaggestaltung: S. Eßer, L. Garthoff, A. Gebbe

Druck & Bindung: SoWa, Warschau/PL

ISBN 978-3-89688-410-7

INHALTSVERZEICHNIS

Warum gibt es dieses Buch?

Es gibt Dinge im Leben, über die sich jeder aufregt, obwohl oder vielleicht auch weil man sie nicht ändern kann. Stellt sich also die Frage, warum man sich dann überhaupt aufregt; macht doch eigentlich keinen Sinn oder?

Ja, wenn es denn mit uns Menschen so einfach wäre. Ist es aber nicht. Es gibt Dinge im täglichen Leben, in dem so genannten grauen Alltag, über die sich Otto, der Normalverbraucher, aufregen muss, vielleicht auch, weil er sich darüber aufregen will. Scheint also nicht zu ändern zu sein. Und wenn das so ist, muss man versuchen, sich irgendwie damit zu arrangieren, damit einem dieser Ärger nicht auf den Magen schlägt oder Schlimmeres zur Folge hat.

Ein bewährtes Mittel besteht ja darin, dass man – wie es die Psychologen ausdrücken – sich einer „Ersatzzielreaktion" bedient. Im Klartext ist das nichts anderes, als seinen Ärger an etwas oder jemandem auszulassen, das/der ihn nicht einmal im Ansatz verursacht hat. Solange es nur ein „Das", also irgendeine Sache ist, geht's ja noch. Da tritt man z.B. in einem Fußballstadion gegen eine Bande und mit eben diesem Tritt verfliegt der Ärger, weil man sich abreagiert hat. Nur wem steht schon immer eine Bande, geschweige denn ein Fußballstadion zur Verfügung? Die meisten Menschen müssen sich mit einem Partner begnügen, der sich leichtsinniger Weise auf Dauer oder für einen bestimmten Zeitraum dazu entschieden hat, sein Leben mit ihnen zu teilen. Dieser arme Mensch muss ungefragt und im Regelfall auch völlig überrascht die Funktion des Blitzableiters übernehmen. Kommt einem doch irgendwie bekannt vor, oder?

Jetzt stellt sich die Frage, ob es nicht auch eine andere Option gibt, bei der das mehr oder weniger geliebte Du nicht die Rolle des Sündenbocks übernehmen muss. Und da ist mir eingefallen, es mal mit einem kleinen Büchlein zu versuchen, sozusagen literarisch eine Solidargemeinschaft herzustellen, indem ich einige typische Alltäglichkeiten aufschreibe, über die sich jeder normale Mensch einfach aufregen muss und auch aufregen will.

Über dieses gemeinsame Aufregen soll sich praktisch eine Aufreg-Gemeinschaft entwickeln, die es uns dann leichter macht, diese Nickeligkeiten des Alltags zu ertragen. Analog dem Motto: Geteiltes Leid ist halbes Leid soll gelten: Gleicher Ärger ist halber Ärger.

Ich habe deshalb mal ein paar typische Begebenheiten aus dem Alltag des berühmten Otto, dem Normalverbraucher, ausgewählt, um diese Aufreg-Gemeinschaft zu gründen. Hoffentlich klappt´s!!

Greven im Frühjahr 2010

„HECHT IST LEIDER AUS"

Was macht unser Leben schön und unseren Alltag erträglich? Es sind die kleinen oder großen Besonderheiten und Abwechslungen. Solange man im Berufsleben steht, gehört zweifellos der Urlaub zu den ganz besonderen Besonderheiten, weil man da machen kann, was man will, es sei denn der Reiseveranstalter bestimmt es anders. Aber Urlaub hat man ja nur ein bis zwei Mal im Jahr, und das reicht nicht, um den Alltag erträglich zu gestalten. Da müssen zusätzliche Abwechslungen her, die Licht in unser vom Stress gekennzeichnetes Schattendasein bringen. Einladungen bei Freunden machen das Leben lebenswert oder auch ein gutes Buch am Abend mit einer ebenso guten Flasche Wein. Für ganz besondere Anlässe ist das aber nicht genug. Ein runder Geburtstag, ein Zweisamkeitsjubiläum – Ehejubiläen gibt es ja nicht mehr für allzu viele Leute, vor allem keine zweistelligen – der Jahrestag des ersten Kusses, für diese fundamentalen Ereignisse muss es einfach mehr sein. Diese Anlässe wollen zelebriert sein. Viele Menschen, und ich gehöre auch dazu, gehen an solchen Tagen essen, wie man so schön sagt. Man geht in der Regel aber nicht in sein Lieblingslokal, weil das ja im weitesten Sinne auch Teil des Alltags ist, sondern man geht schick essen; manche nennen das auch „lecker essen gehen". Gemeint ist dasselbe, wobei das Risiko beim letzteren etwas größer zu sein scheint, weil man ja vorher nicht weiß, ob es nachher wirklich lecker ist.

Egal, für diese Art von Essen wird in einem Nobelrestaurant ein Tisch reserviert, weil man nichts dem Zufall überlassen möchte. Auch die geliebten Jeans werden für einen solchen Event an den Nagel gehängt, und es ist nicht ausgeschlossen, dass die Dame unseres Herzens sogar ein Kleid oder zumindest einen Rock anzieht. Man macht sich eben schick.

Die Dauer der Vorbereitung für eine solche Abendveranstaltung ist nicht zu unterschätzen, vor allen Dingen dann nicht, wenn man einen Babysitter braucht oder vielleicht jemand auf den Hund aufpassen muss. Auch die eigene Restauration kann, nicht ganz unabhängig davon, wie lange man schon auf der Welt ist, durchaus zeitaufwendig sein. Wenn dann noch die Fingernägel lackiert werden, die natürlich wieder nicht trocknen wollen, erfordert das einen Zeitzuschlag. Falls der Herr dazu neigen sollte, seine verbliebenen Haare nach einer nur ihm bekannten Ordnung auf dem Kopf so zu verteilen, dass der ganze Mann danach geradezu jugendlich wirkt, ist das ebenfalls mit einem nicht unerheblichen Zeitaufwand verbunden.

Wenn beide den Abend genießen wollen, das Restaurant aber nicht in Fußentfernung liegt, bestellt man sich für den unbeschwerten Transport ein Taxi, vor allem dann, wenn man sich bereits im Badezimmer für die gelungenen Restaurations-Aktivitäten ein Gläschen Schampus oder einen Campari-Orange genehmigt hat.

Ist bis zu diesem Zeitpunkt alles nach Plan gelaufen, der Babysitter eingewiesen und der Hund versorgt, muss nur noch die Dame unseres Herzens rechtzeitig fertig und das Taxi pünktlich sein, um den ersten Teil eines solchen kleinen Fests erfolgreich abzuschließen, vielleicht bis auf eine Kleinigkeit.

Und auch das kennen wir doch alle. Man sitzt nebeneinander hinten im Taxi und einer fragt: „Schatz, sag mal, habe ich eigentlich das Bügeleisen rausgezogen, nachdem ich Dein Hemd noch einmal schnell übergebügelt habe?" Wer hat da schon eine sichere Antwort. Dem Kavalier der alten Schule bleibt nichts anderes übrig, als noch einmal ins Haus zu gehen, um den Sachverhalt zu prüfen. Im Regelfalle war der Stecker draußen; wenn man es allerdings nicht noch einmal überprüft hätte, wäre es wahrscheinlich nicht so gewesen. Man oder auch Mann steigt wieder ins Taxi ein, der Fahrer will gerade losfahren, da steht auf einmal die Frage im Raum, bzw. im Fahrzeug: „Schatz, hast Du auch richtig abgeschlossen, ich meine zwei mal?" Auch das weiß doch eigentlich niemand sicher, so dass Mann es schnell noch einmal überprüft. Mittlerweile knistert es im Taxi ein wenig, ohne dass schon Funken zu sehen wären.

Das Taxi stoppt vor dem Ziel unserer Wünsche, der Mann zahlt, steigt aus und hält der Dame seines Herzens die Tür auf, weil es schließlich ein besonderer Tag ist. Auch die Außentür des Nobelrestaurants wird formvollendet aufgehalten, und dann geht der Herr voran um dem herbeieilenden Kellner zu sagen: „Guten Abend, wir haben einen Tisch für zwei Personen auf den Namen Schienemann bestellt."

Der Kellner weiß tatsächlich Bescheid, was ja keine Selbstverständlichkeit ist und führt das Paar, das heute ein kleines, nur ihm bekanntes Fest feiert, an einen schönen Tisch am Fenster. Automatisch überprüft man unauffällig, ob es auch der wirklich schönste Tisch im Raum ist und stellt fest, zwei Tische weiter würde man vielleicht noch besser sitzen, aber das ist nicht zu ändern. Trotzdem ist man ein bisschen ärgerlich, weil man ja um den schönsten Tisch gebeten hatte. „Na ja," denkt man sich, „vielleicht haben ja auch nicht alle Leute denselben Geschmack" und beschließt, beim nächsten Mal genau zu sagen, welchen Tisch man haben möchte.

Bis der Ober die Karte bringt, schaut man sich noch ein bisschen um und stellt fest, dass sich auch die anderen Gäste ruhig etwas schicker hätten anziehen können, weil es ja schließlich kein Tag wie jeder andere ist. Aber woher sollen diese bürgerlichen Ignoranten das auch wissen. Wie es wohl ankäme, denkt Herr Schienemann, wenn ich jetzt aufstände und allen Gästen erklären würde, warum heute so ein besonderer Tag ist. Aber ehe er der Versuchung erliegen könnte, bringt der Ober die Karte. „Darf ich Ihnen schon einen kleinen Aperitif bringen, vielleicht einen Sherry oder einen Martini?" Auf eine so schnelle Entscheidung waren Herr und Frau Schienemann eigentlich nicht gefasst, aber er, ganz Mann von Welt, reagiert mit beeindruckender Gelassenheit: „Bringen sie uns bitte zwei Sherry, einen Medium und einen Dry."

Kaum ist der Ober außer Hörweite, sagt Frau Schienemann: „Du hättest mich ruhig vorher mal fragen können. Ich hätte nämlich lieber einen Martini getrunken und zwar gerührt und nicht geschüttelt". „Du hast doch noch nie

Martini getrunken, Sherry ist bestimmt genau das Richtige", versucht Herr Schienemann seine Herzallerliebste zu besänftigen „Und welcher ist dann für mich?" fragt sie etwas spitz. „Natürlich der Medium, weil der süßer ist", erhält sie die typisch männliche Antwort.

Bevor Frau Schienmann noch etwas entgegnen kann, bringt der Ober die beiden Sherry und stellt ihr ungefragt den Medium hin. Männer sind sich eben einig, was Frauen und deren Geschmack angeht. Da würden zusätzliche Fragen nur unnötig verwirren.

Frau Schienemanns Gesicht geht jetzt eher etwas in Richtung Dry, als sie das Zuprosten ihres Göttergatten erwidert. Da aber heute ein besonderer Tag ist, will sie das Thema nicht weiter vertiefen. Der Klügere gibt eben nach, wobei es eigentlich heißen müsste: Die Klügere.

Beide vertiefen sich jetzt in die Speisekarte. „Schau mal", sagt er zu ihr, „die haben hier ja richtige Fischspezialitäten. Das wäre doch auch mal was. Steak essen kann man überall und auf dem vegetarischen Trip sind wir ja noch nicht. Was meinst Du?" Frau Schienemann ist noch ein wenig unschlüssig. „Lass mich noch ein bisschen blättern; ich finde die Wildkarte auch sehr interessant." Man blättert noch eine Weile und nippt zwischendurch am Sherry. „Möchtest Du eigentlich eine Vorspeise", fragt er die Dame seines Herzens. „Das Kräuterrahmsüppchen hört sich lecker an oder was hältst du von sechs Weinbergschnecken?"

„Ich nehme einen kleinen Salat nach Art des Hauses, und wenn Du das Kräuterrahmsüppchen bestellst, kannst

Du mich ja mal probieren lassen", entgegnet Frau Schienemann.

„Gut, so machen wir's, und als Hauptgang? Ich finde, wir sollten den Hecht probieren, der wird als Gericht für zwei Personen angeboten. Das passt auch zu unserem Anlass ganz besonders gut. Wir schwimmen doch jetzt schon viele Jahre gemeinsam im Teich des Lebens. Was meinst Du?" Frau Schienemann liebäugelt zwar immer noch mit dem Wildschweinbraten, aber lässt sich schließlich überreden.

Der Ober kommt an den Tisch. „Die Herrschaften haben gewählt?"

Herr Schienemann, ganz Gentleman antwortet. „Wir bekommen als Vorspeise einen kleinen Salat nach Art des Hauses für meine Frau und für mich das Kräutersüppchen. Als Hauptgericht hätten wir gern den Hecht für zwei Personen."

„Hecht ist leider aus", entgegnet der Ober mit unbewegter Miene, „aber der Wildschweinbraten ist heute sehr zu empfehlen."

Frau Schienemann lächelt still, und Herr Schienmann bestellt ohne jede äußere Regung zwei Mal Wildschweinbraten. Schließlich ist heute ein besonderer Tag.

SONDERANGEBOTE

Früher, also in der guten alten Zeit, gab es ja für die Menschen nur Werktage und Sonn- und Feiertage. Da hatte eben noch alles seine Ordnung. An Werktagen ging man zur Arbeit, an Sonntagen in die Kirche und an Feiertagen zelebrierte man Feste. Deshalb nannte man solche Tagen eben auch Festtage. Wenn diese einen kirchlichen Ursprung hatten, war die Anzahl der Fest- und Feiertage in den Bundesländern unterschiedlich. Daran hat sich bis heute nichts geändert. In Bayern und Baden Württemberg gibt es nach wie vor die meisten arbeitsfreien kirchlichen Feiertage, vielleicht, weil die Menschen in Süddeutschland nur an den Herrgott denken können, wenn sie durch die Arbeit nicht abgelenkt werden.

Heute gibt es eine zusätzliche Kategorie von Tagen und zwar eine, die sich nicht in kirchlichen Traditionen begründet und auf die auch Arbeitgeber überhaupt keinen Einfluss haben. Wie diese Tage, die quasi im Angebot sind, von jedem einzelnen genutzt werden, liegt völlig in der Entscheidung des mündigen Bürgers. Er kann diese Tage zelebrieren oder aber auch ignorieren, ganz im eigenen Ermessen, wenn man mal davon absieht, dass die Nachbarn einen gewissen Einfluss ausüben. Wenn diese nämlich einen solchen Tag umfassend nutzen, dann kann man das nicht so ohne weiteres hinnehmen. Dieses im Rheinland bekannte „man muss auch jönne könne" ist nämlich nicht jedem gegeben, zumindest nicht in derselben Intensität.

Genug der Vorrede, ich glaube, es ist an der Zeit, das Geheimnis zu lüften und zu verraten, um was es bei diesen Tagen im Angebot geht, nämlich genauer gesagt, nicht um Tage im Angebot, sondern um Angebote an bestimmten Tagen und zwar nicht um irgendwelche. Nein, es geht um die systematisch wiederkehrenden Angebote in den Supermarktketten, besonders bei Aldi und bei Lidl. Tchibo ist in diesem Zusammenhang zwar etwas anderes, aber nicht unbedingt Unvergleichliches.

Wer an seinem Briefkasten kein Schild „Bitte keine Reklame einwerfen" angebracht hat, bzw. bei wem die Reklameverteiler diesen Hinweis ignorieren, der bekommt zeitgerecht eine Information, wann in welchem Supermarkt welche Schnäppchen angeboten werden.

Zusätzlich wird man durch Beilagen in der Heimatzeitung umfassend darüber informiert, wann es wo etwas zu schnappen gibt.

Wir sollten in diesem Zusammenhang durchaus zugeben, dass durch die Reklame nicht selten ein Bedarf geweckt wird, der bis zu diesem Moment, wo unser Auge das Objekt betrachtet, eigentlich gar nicht vorhanden war. Und so ist es auch in unserem Fall bei Herrn und Frau Schienemann, genauer gesagt bei Herrn Schienemann. Es geht nämlich um eine „Ein-Hand-Kreissäge". So etwas bekommt er in seinem örtlichen Baumarkt überhaupt nicht, und wenn man so ein Gerät bestellen würde, wäre es bestimmt deutlich teurer, vermutet Herr Schienemann, ohne es allerdings genau zu wissen.

Interessant ist, dass parallel zu den schienemannschen

Überlegungen durchaus Aktivitäten im örtlichen Baumarkt zu beobachten sind. Der Trick, dass mit diesen Sonderangeboten ein Bedarf geweckt wird, der eigentlich gar nicht vorhanden ist, sich aber so festsetzt, dass er unbedingt befriedigt werden muss, ist nämlich dem psychologisch bestens geschulten Leiter dieses Baumarktes natürlich bekannt.

Immer dann, wenn in einer dieser Supermarktketten ein bestimmter Heimwerker-Artikel als Angebot angekündigt wird, lässt er genau ein solches Gerät oder Werkzeug bestellen und in größerer Menge bevorraten. Die Erfahrung hat ihm nämlich gezeigt, dass die Menschen, die für das Schnäppchen im Supermarkt zu spät kommen, weil dieses besagte * schon zugeschlagen hatte, bevor sie selbst zum Zuge kamen, alles daran setzen, dieses Teil irgendwo anders zu kaufen, egal zu welchem Preis. Und genau dieses Verhalten führt den gescheiterten Angebots-Käufer zu ihm in den Baumarkt.

Zurück zu Herrn Schienemann, der ja irgendwie stellvertretend für viele von uns agiert und reagiert.

Wenn also, wie im konkreten Fall, das Interesse geweckt wurde und damit ein scheinbarer Bedarf entstanden ist, muss natürlich alles getan werden, um selbigen zu decken. Der Postwurfsendung oder Beilage der Heimatzeitung ist ja eindeutig zu entnehmen, ab wann der begehrte Artikel verfügbar ist. Jetzt muss man sich, falls derartig wichtige Informationen nicht gespeichert sein sollten oder gar vergessen wurden, schlau machen, wann sich an dem bestimmten Tag die Türen des Supermarktes öffnen, damit man die Szene unserer Begierde möglichst als erster betreten kann.

Am Tag zuvor fährt Herr Schienemann deshalb kurz vor Ladenschluss sicherheitshalber schon mal hin, um zu prüfen, ob er nicht vielleicht schon vor allen anderen zugreifen kann. Es könnte ja sein, dass die Angestellten die Sonderangebote schon eingeräumt hätten, damit sie am nächsten Tag besonders schön drapiert die Begehrlichkeiten der potenziellen Interessenten weiter steigern.

Leider ist das meistens nicht der Fall, so auch heute. Herr Schienmann versichert sich an der Tür nur noch einmal, ob die Öffnungszeiten, die er abgespeichert hat, auch wirklich noch aktuell sind und fährt nach Hause zurück.

Dort legt er die Unterlagen über die Angebote auf dem Flurschränkchen für den nächsten Tag bereit und steckt auch das Portemonnaie schon in die Innentasche seiner Lieblingsjacke.

Der Abend verläuft eigentlich wie immer, aber irgendwie haben Schienemanns Schwierigkeiten mit dem Einschlafen, obwohl sicherheitshalber zwei Wecker gestellt wurden und zwar auf 06:00 Uhr.

Alpträume sind übrigens in solchen Nächten vor dem Angebotstag häufiger als gemeinhin angenommen wird; auch Versagensängste sind durchaus keine Ausnahme. Vielleicht sollte man dazu mal eine Untersuchung durchführen oder eine Umfrage starten. Käme aber wahrscheinlich nicht viel dabei heraus, weil es ja kaum einer zugeben würde, dass ihm die Gier nach einem Schnäppchen den Schlaf raubt.

Wenn am Angebotstag der Wecker klingelt, ist man in der Regel längst aufgestanden, kann das unangenehme Geräusch aber nicht abstellen, weil man nach dem Duschen noch nicht abgetrocknet ist.

Irgendwie ist alles ein bisschen hektisch. Um 08:00 Uhr macht der Supermarkt auf. Wenn man als erster vor der Tür stehen will, sollte man spätestens um 07:50 Uhr dort sein. Normalerweise fährt Herr Schienmann etwa 10 Minuten, aber wer weiß, wie die Verkehrslage an einem solchen Tag ist; also sicherheitshalber um 07:30 Uhr abfahren.

Um 06:30 Uhr sitzen Herr und Frau Schienmann am Kaffeetisch, er ausnahmsweise nicht in Schlappen, sondern schon in Schuhen, weil er ja gleich los muss.

Das morgendliche Zeitungslesen ist nicht so gemütlich wie sonst, vor allem als ihm noch einmal dieser Prospekt mit all seinen Verheißungen in die Hände fällt. Herr Schienemann schaut sich alles noch einmal genau an und stellt dann fest, dass die meisten Artikel an diesem Angebotstag mit einem kleinen Sternchen versehen sind: *Angebot nur so lange der Vorrat reicht.

Wer kann dann noch seine zweite Tasse Kaffee in Ruhe trinken? Niemand, der an einem Angebot wirklich interessiert ist.

Also Frühstück Frühstück sein lassen und sehen, dass man los kommt. Den Rat der lebenslangen Ehefrau: „Zieh die dicke Jacke an, es ist kalt draußen", setzt Herr Schienmann schnell in die Tat um, aber das besorgte „Hast Du überhaupt Geld eingesteckt?" hört er schon nicht mehr.

Die Uhr zeigt 07:15 Uhr. Um 07:25 Uhr erreicht er

den Parkplatz des Supermarkts und muss mit Erstaunen feststellen, dass viele andere offensichtlich dieselbe Idee hatten. Der Traum, der Erste an der sich automatisch öffnenden Eingangstür zu sein, ist damit bereits wie eine Seifenblase geplatzt.

Herr Schienemann lässt sich dadurch jedoch nicht irritieren, sondern stellt sich, äußerlich gelassen, hinten an. Innerlich brodelt es natürlich in ihm. „Mittlerweile ist das ja hier wie früher im Osten. Da gehörte ja Schlange stehen zum ganz normalen Alltag. Man fragt sich überhaupt, woher die Leute die Zeit nehmen, morgens früh, also eigentlich zur normalen Arbeitszeit, hier auf dem Parkplatz herumzuhängen. Als wenn sie nichts anderes zu tun hätten, wahrscheinlich alles irgendwelche Asylbewerber oder Harz IV-Empfänger. Man müsste sich eigentlich schämen, jetzt praktisch mit diesen Typen in einen Topf geworfen zu werden."

Nur gut, dass außer ihm selbst niemand weiß, was sich gerade alles so in seinem Kopf abspielt. Mittlerweile ist es 07:55 Uhr geworden, und es kann sich nur noch um wenige Augenblicke handeln, bis es zum ersehnten „Sesam öffne Dich" kommt und der Weg ins Paradies der Sonderangebote freigegeben wird.

Schnell überprüft Herr Schienemann noch einmal, ob er den Prospekt dabei hat, mit dessen Hilfe er notfalls seinen Anspruch auf diese „Ein-Hand-Kreissäge" unterstreichen will. Beglückt fühlt er das glatte Papier der Werbebeilage. Man ist eben organisiert und bestens vorbereitet auf so einen Tag des Angebots. Es folgt der routinierte Griff nach dem Portemonnaie, das seinen festen Platz in der linken Innentasche der Jacke hat.

Unfassbar für Herrn Schienemann greift er ins Leere. Siedendheiß fällt ihm seine Lieblingsjacke ein, in der die Geldbörse am gewohnten Platz ja bereits seit dem Vorabend auf ihren Einsatz wartet.

Durch einen Schleier aus Zorn und Enttäuschung sieht Herr Schienemann, wie sich die automatische Tür öffnet und die Ersten in der Reihe sich ins Angebots-Nirwana stürzen. Einem Schubs von hinten begegnet er mit einem fast galanten Schritt zur Seite und einem durch die Zähne gepressten: „Bitte, nach Ihnen" und einem runtergeschluckten: „Flegel, benimmt sich, als wenn es hier ums Überleben ginge."

Etwas benommen steigt er in seinen Wagen, aber es beruhigt Herrn Schienemann nur sehr bedingt, dass er eigentlich gar keine „Ein-Hand-Kreissäge" braucht und außerdem gar nicht so genau weiß, was das eigentlich ist.

Eine letzte Weisheit zum Schluss und zum Trost für alle Schienemänner unter uns: Den höchsten Preis zahlt man für einen Artikel im Angebot, den man überhaupt nicht gebraucht hätte!

DER COMPUTER UND ICH

In dieser Geschichte möchte ich ein bisschen von unserem Verhältnis erzählen, ich meine wie mein Computer und ich so zueinander stehen, wann das alles mit uns begonnen hat, und warum unser Verhältnis nicht immer ganz spannungsfrei ist.

Vielleicht ergeht es Ihnen ja ähnlich, wobei ich mir natürlich durchaus darüber im Klaren bin, dass dieses Computer-Mensch oder vielleicht besser ausgedrückt: Computer-Nutzer-Verhältnis nicht unwesentlich vom Alter bestimmt wird. Damit meine ich in erster Linie natürlich das Alter des Nutzers, aber auch des Rechners.

Doch der Reihe nach:

Sagt Ihnen der Name „Commodore 64" etwas? Das war der erste Computer, der in unser Haus einziehen durfte, weil unser ältester Sohn Matthias, damals 16 Jahre alt, sich bereit erklärt hatte, die Versorgung unserer sechsköpfigen Familie für unseren bevorstehenden drei jährigen Irak-Aufenthalt mittels Computer zu organisieren und sicherzustellen.

Das war damals eine echte Herausforderung, weil der Irak sich zu dieser Zeit mit dem Iran im Krieg befand, und die Versorgungslage immer mal wieder durchaus als angespannt bezeichnet werden musste.

Unser Erstgeborener gab also alle möglichen Bezeichnungen und Listen von Versorgungsartikeln, wie Säfte, Toilettenpapier, Zahnbürsten, Kerzen, Adventskalender,

Wein, Konserven, eben all die Sachen, die man im Irak nicht kaufen konnte, in seinen Rechner ein und erstellte auf dieser Basis für die Buchhaltung der familieninternen Logistik eine Liste.

Lang, lang ist's her. Nach unserer Rückkehr aus Bagdad im Jahr 1989 erlebte ich zunächst eine „computerlose Zeit". Die Sekretärinnen, für die ich damals zuständig war, stritten sich noch um die ersten Kugelkopf-Schreibmaschinen; von Rechnern war damals noch nicht einmal ansatzweise die Rede.

Doch bereits 4 Jahre später sagte mir unser jüngster Sohn: „Papi, wenn Du heute anfängst, Dich mit dem Thema Computer zu beschäftigen, dann schaffst Du es noch, ansonsten besteht die Gefahr, dass die Zukunft irgendwie an Dir vorbeilaufen wird".

Recht hat er gehabt, und so begann mein Verhältnis mit dem Computer im Jahre des Herrn 1994 an der Offizierschule der Luftwaffe in Fürstenfeldbruck, wo ich als junger Oberst versuchte, dem Nachwuchs der Luftwaffe militärische Tugenden zu vermitteln.

Wie bei jedem Verhältnis versuchte ich diese ersten Annäherungsversuche zunächst geheim zu halten, damit möglichst wenige Menschen Augen- und Ohrenzeuge wurden, welche massiven Diskrepanzen es zwischen dem Computer und mir anfangs gegeben hat. Wir stammten eben nicht aus derselben Generation.

Irgendwie war mir dieser Blechtrottel, wie ich ihn mit einer gewissen Hassliebe nannte, auch ein bisschen unheimlich.

Da war zunächst mal dieser Fernseher auf dem Schreibtisch, den mein Computer versierter Gefreiter als „Monitor" bezeichnete und davor eine extra, flache Schreibmaschine, die eben dieser Gefreite mit großer Selbstverständlichkeit „Keyboard" nannte. Ich war bis zu diesem Zeitpunkt der Ansicht gewesen, das hieße „Schlüsselbrett", aber hatte ja auch beim „Monitor" bis zu diesem Zeitpunkt gedacht, das hieße „Wächter". Wahrscheinlich beruhten diese Missverständnisse darauf, dass meine Englisch-Kenntnisse von einem humanistischen Gymnasium stammten und annähernd 30 Jahre zurücklagen.

Ja, und zu diesem „Monitor" und dem „Keyboard" gab es da noch dieses kleine graue Teil an der Schnur, dem der Gefreite den irgendwie witzigen Namen „Maus" gegeben hatte, was aber „Mouse" geschrieben wurde. Mit dieser „Mouse" kann man dem Blechtrottel über einen kleinen Pfeil, den man „Cursor" nennt, auf dem „Monitor" anzeigen, was man eigentlich von ihm will.

Nur der Vollständigkeit halber will ich in diesem Zusammenhang noch erwähnen, dass man diese „Mouse" heute – damals Gott sei Dank noch nicht – auch durch ein „Touch Pad" ersetzen kann, wenn man so einen mobilen Rechner besitzt, der merkwürdiger Weise auf den Namen „Notebook" oder auch „Laptop" hört.

Auch diese drei englischen Begriffe nimmt man am besten als gegeben hin, ohne sie übersetzen zu wollen, weil das Wort „Berühr-Klotz" genau so irreführend wäre wie „Notenbuch" bzw. „Schoß-Gipfel".

Mit so einem „Touch Pad" kann man diesen kleinen

Pfeil, also diesen „Cursor" auch bewegen, indem man das „Touch Pad" ganz vorsichtig mit einem Finger streichelt. Grobmotoriker haben da übrigens keine Chance...

Insgesamt ging es bei dieser ersten Arbeitsteilung zwischen dem Computer und mir, von der ich erzählen wollte, ausschließlich darum, diesen Blechtrottel als elektronische Schreibmaschine und Ablage zu benutzen, nicht mehr und nicht weniger. Aber das war eigentlich schon mehr als genug für jemanden, der das Schreiben noch auf der Schiefertafel gelernt hatte und später im Beruf mit der Ablage gemäß Einheitsaktenplan immer auf dem Kriegsfuß gestanden hatte.

Denjenigen geschätzten Lesern, die auch schon länger auf der Welt sind, müssten eigentlich jetzt schon minutenlang die Ohren klingeln, oder?

Das Schreiben auf diesem „Keyboard" war allein schon eine echte Herausforderung. Auf einer Schreibmaschine konnte man sich ja nur vertippen, und für einen solchen Fall gab es dann dieses kleine Fläschchen mit weißem Inhalt und einem kleinen Pinsel, mit dem man den verkehrten Buchstaben wegmachen konnte.

Dieses Wegmachen, das geht auf dem Computer einfacher, weil man ja „deleten" kann, wie es so schön heißt, aber dafür gibt es ganz andere Risiken. Wenn man nämlich z. B. aus Versehen auf zwei Tasten gleichzeitig drückt oder vielleicht sogar eine von diesen „F-Tasten" aus der oberen Reihe, dann können ja ganze Texte verschwinden oder Absätze auf einmal total woanders hin verschoben bzw. „gepastet" werden, wie das die Experten nennen. Kurz gesagt: Der Willkür sind praktisch Tür und Tor geöffnet.

Strafverschärfend kommt noch hinzu, dass niemand eine klare Bedienungsanweisung für die „Keyboards" besitzt. Die Fülle der Kombinationsmöglichkeiten, und darüber hinaus die Option, das „Keyboard" als Alternative zur „Mouse" zu nutzen, diese elektronischen Feinheiten sind nur den Insidern annähernd bekannt, wobei es auch bei dieser Elite immer noch zu Irritationen kommen kann. Ich hatte z.B. kürzlich mal aus Versehen auf irgendwelche Tasten gleichzeitig gedrückt und konnte danach nur noch die Symbole schreiben, die auf den Tasten unten oder oben zusätzlich aufgeführt sind. Als ich den jungen Mann anrief, der in Bezug auf meinen Rechner praktisch für mich die „112" ist, fiel dem auch nichts mehr ein. Auf der einen Seite fand ich das toll, dass er endlich auch mal keine Antwort wusste, auf der anderen Seite diente das der Problemlösung natürlich nur sehr bedingt. Ich habe dann meinen elektronischen Partner mit der Methode „Trial und Error" dazu gebracht, wieder das zu tun, was ich wirklich wollte. Wie das gelang, war übrigens nicht nachvollziehbar!

Aber jetzt habe ich ja schon in der Entwicklung unserer Partnerschaft einen viel zu großen Sprung gemacht; also weiter der Reihe nach.

Nach dem Tippen lernte ich, Ordner einzurichten und Dokumente abzulegen. So was war ja am Anfang wie früher das „Räuber und Gendarm" Spielen. Gerade war das Dokument noch da, und mit einem Klick war es auf einmal weg, keine Ahnung wohin. Man versuchte es im elektronischen Papierkorb wiederzufinden, aber scheiterte dabei genauso so wie mit dieser Methode „Dokumente Suchen".

Irgendwie hatte man am Ende in seiner laienhaften Vorstellung den Verdacht, dass dieses bedeutende Schriftstück – auf welchen Weg auch immer – vielleicht in dem echten Papierkorb gelandet war, der unter dem Schreibtisch stand.

Eine andere mittlere Katastrophe, die sich anfangs erschreckend häufig wiederholte, bestand darin, dass der kunstvoll gefertigte Text mit einem Klick nicht gespeichert, sondern stattdessen gelöscht war. Der Frustration waren da keine Grenzen gesetzt. Wenn der Blechtrottel nicht so teuer gewesen wäre, hätte er bei solchen Sabotage-Aktionen leicht, von einem kräftigen Fluch begleitet, in einer Zimmerecke landen können. Es hätte sogar die Gefahr bestanden, dass er durch ein offenes Fenster das Fliegen gelernt hätte...

Im Laufe der Jahre gewöhnten wir uns jedoch aneinander, wie das ja in jeder normalen Beziehung der Fall ist, auch wenn es mit meinem Blechtrottel immer noch deutlich mehr Überraschungen gab und gibt als das in einer rein menschlichen Partnerschaft der Fall ist. Aber dafür ist es auch nie langweilig.

Und es gibt auch weiterhin noch einen besonders gravierenden Unterschied zu einer zwischenmenschlichen Partnerschaft: Wenn sich mein Blechtrottel nämlich aufgehängt hat, dann ist er nicht tot, sondern lebt irgendwie still weiter. Obwohl er also nicht tot ist, bewegt er sich nicht mehr. Egal auf welche Taste man drückt, er zeigt keinerlei Reaktionen mehr. Anrufe bei den erwachsenen Kindern führen dann auch zu keinem positiven Ergebnis, sondern verstärken nur die eigene Resignation. Man fühlt sich von seinem Partner auch irgendwie im Stich gelassen. Das ist so ein bisschen wie mit einer schmollenden Ehefrau, die ja auch noch da ist, aber einfach nicht mehr mit einem redet. Gott sei Dank hat man bei seinem elektronischen Partner ja noch diese persönliche „112", aber, und da sage ich dem geneigten Leser sicherlich nichts Neues, auch dieser kann bei einem richtig und umfassend, also total aufgehängten Computer, nichts mehr machen. Da gibt es nur noch eins: Netzstecker ziehen und nach einer gewissen Schamfrist wieder einschalten. Dann tut dieser Blechtrottel in der Regel so, als wenn nichts gewesen wäre.

Das ist dann wiederum ein Vorteil im Vergleich mit einer schmollenden Ehefrau, bei der so etwas eben nicht funktioniert.

So, und jetzt noch ein paar Takte zum Thema Internet. Da gibt es ja nicht wenige Leute, die schon genau so lange oder sogar länger auf der Welt sind als ich, die sich das, wie es so schön heißt, nicht mehr antun. Dieser Personenkreis lehnt häufig auch das Schicken von SMS ab und merkt gar nicht, wie vor allem die Kommunikationsmöglichkeiten mit den eigenen Kindern dadurch immer geringer werden. Deshalb meine ich, Internet ist in der heutigen Zeit eigentlich ein Muss, ob man will oder nicht, weil z.B. auch die Bilder der Enkelkinder ja nicht mehr im Briefumschlag kommen, sondern ins Netz gestellt werden, wie man so sagt, obwohl das mit Angeln nichts zu tun hat.

Für die Generation unter 40 ist das alles eine Selbstverständlichkeit, weil die ja mit dem Computer groß geworden sind. O.K., damit kann ich gut leben, zumal meine eigenen Unterstützungskräfte ja aus dieser Generation stammen. Etwas schwerer tue ich mich damit, dass einem auch die Enkel am Computer leicht etwas vormachen können, z.T. schon dann, wenn sie noch nicht einmal zufriedenstellend lesen, schreiben und rechnen können.

Zurück zum Internet. Bei der Nutzung desselben muss man sich aber darüber im Klaren sein, dass die Versuche des Blechtrottels die eigenen Nutzer zu unterdrücken und sogar in eine gewisse Abhängigkeit zu locken, vom Internet massiv unterstützt werden. Da muss man sich selbst immer wieder zur Ordnung rufen, weil es ja keinen Unterschied macht, ob die Augen von zu vielem Fernsehen oder durch das ständige Hocken vor dem Computer langsam aber sicher rechteckig werden.

In diesem Zusammenhang ist es ausgesprochen hilfreich, wenn man bei der Nutzung des Computers mehr oder regelmäßig auf die Nase fällt, um das Wort „Schnauze" zu vermeiden.

Da gibt es diese wunderbaren Bestellungen bei Amazon, wo man z.B. meint, Staubsaugerbeutel geordert zu haben und dann ein kompletter Staubsauger geliefert wird. Schön ist es auch, wenn man per Internet einen sog. Billigflug nach Rom gebucht hat und dann von der Fluggesellschaft ein Trip nach Barcelona bestätigt wird.

Solche und ähnliche Highlights bewahren uns eine Grundskepsis gegenüber diesem elektronischen Zauberwerk und halten auch viele von uns – und zwar völlig unabhängig vom Lebensalter – und von diesem „Online-Banking" ab. So schön es wäre, wenn mal jemand auf Grund eines Klicks an der falschen Stelle aus Versehen 20.000 Euro auf unser Konto überweisen würde, darf man eben nicht verdrängen, dass es auch den umgekehrten Fall geben könnte, und der wäre dann sicherlich nicht ganz so witzig.

So, jetzt muss ich diese kleine Geschichte schnell abspeichern, bevor mein Partner sie vielleicht in einem elektronischen Nirwana verschwinden lässt.

Ich bitte da um Ihr Verständnis!

DER DEUTSCHE AUTOFAHRER

Jeder deutsche Mann ist ein guter Autofahrer, da sage ich dem geneigten Leser ja bestimmt nichts Neues.

Diese Fähigkeit, besser Auto zu fahren als Angehörige anderer Nationen, ist bei den Deutschen bereits in den Genen angelegt und genau so typisch für sie, wie Ordnung, Sauberkeit und Disziplin, möglicherweise allerdings noch nicht so bekannt oder vielleicht auch weniger offensichtlich...

Deutsche Männer sind darüber hinaus der Ansicht, dass sie die besseren Autofahrer sind als ihre weiblichen Artgenossen und glauben, das mit Hilfe der Erbanlagen auch belegen zu können.

Das Männer-Chromosom „Y" begründet ja bekannter Maßen den Unterschied zwischen Mann und Frau – so kann man es in den gängigen Lexika nachlesen – und damit ist dieses Chromosom, zumindest nach Meinung der Männer, auch die Begründung dafür, dass sie besser Autofahren können als Frauen.

Aber diese feinen Unterschiede zwischen Männern und Frauen sind in dieser Geschichte nicht das Thema, zumal es dazu ja grundsätzlich verschiedene Ansichten geben könnte...

Nein, es geht darum, was für wunderbare, umsichtige, rücksichtsvolle und auch begnadete Autofahrer die Deutschen sind. Der Deutsche ist praktisch der Inbegriff des mustergültigen und Beispiel gebenden Autofahrers schlechthin.

Schauen wir uns das zunächst einmal im Stadtverkehr an. Der deutsche Autofahrer wird z. B. immer vorausschauend auf die Bremse treten, um einem entgegenkommenden Fahrzeug die Möglichkeit zu geben, links abzubiegen. Man wird auf deutschen Straßen niemals sehen, dass sich hinter einem Linksabbieger der Verkehr staut, weil auf der Gegenfahrbahn stur geradeaus gefahren wird. Es ist auch völlig unmöglich, dass man in einer Seitenstraße verhungert, weil niemand auf der Hauptstraße eine Lücke lässt. Nein, der deutsche Autofahrer ist ein Gentleman. Wie heißt übrigens das weibliche Pendant dazu; na ja, ist ja jetzt auch nicht so wichtig. Also, dass der deutsche Autofahrer ein Gentleman ist, das sieht man auch schon daran, dass er einer mitfahrenden Dame immer die Tür aufhalten wird, bevor er selbst ins Fahrzeug steigt, selbst wenn es sich bei der Mitfahrerin um seine Ehefrau handelt, mit der er seit 40 Jahren verheiratet ist. Diese Szene ist immer wieder schön zu beobachten.

Auch wenn Glas oder Altpapier zum Container gefahren werden, kommt es in Deutschland niemals vor, dass der Mann im Auto sitzen bleibt, während die Frau die sorgfältig und getrennt gesammelten Wertstoffe entsorgt. So ein Mann wäre ja ein Stoffel, und das trifft auf deutsche Männer weiß Gott nicht zu, vor allem dann nicht, wenn sie am Steuer sitzen.

Ein deutscher Mann am Steuer wird auch niemals noch dicht auffahren, obwohl das Fahrzeug vor ihm offensichtlich rückwärts in eine Parklücke einfädeln möchte. Vollkommen ausgeschlossen ist es, dass er selbst stattdessen diese Parklücke nutzt, indem er schnell vorwärts hinein-fährt. Wo kämen wir denn dahin.

Und ist Ihnen schon einmal aufgefallen, dass deutsche Autofahrer bei starkem Verkehr niemals noch bei Gelb in eine bereits verstopfte Ampelkreuzung einfahren und so si-cherstellen, dass der Querverkehr in der sich anschließen-den Grünphase quasi zur Bewegungslosigkeit verurteilt wird?

Ein deutscher Autofahrer beharrt niemals auf seine Vor-fahrt, sondern setzt den § 1 der Straßenverkehrsordnung in dem es heißt: „Die Teilnahme am Straßenverkehr erfor-dert ständige Vorsicht und gegenseitige Rücksicht. Jeder Verkehrsteilnehmer hat sich so zu verhalten, dass kein An-derer geschädigt, gefährdet oder mehr, als nach den Um-ständen unvermeidbar, behindert oder belästigt wird" Wort für Wort ins reale Leben um. Ja, noch mehr, er lebt diesen Paragraphen anderen und vor allem auch den jüngeren Ver-kehrsteilnehmern vor. Das ist einfach wunderbar.

Und das, was den deutschen Autofahrer in der Stadt auszeichnet, das gilt im gleichen Maße für die Autobahn. Die wurden ja von den Deutschen erfunden, manche sa-gen sogar vom Hitler, aber darüber sollten wir besser nicht sprechen.

So eine Autobahn, das ist für den deutschen Autofahrer Fahrgenuss pur. Da kann er sein PS-starkes, chromblitzen-des und jeden Samstag durch die Waschanlage geschleustes Gefährt so richtig auskosten, falls nicht diese Idioten wie-der irgendwelche Geschwindigkeitsbegrenzungen ange-ordnet haben, die letztlich nur Ursachen für den permanent drohenden Verkehrskollaps sind. Überhaupt, was für ein Blödsinn, die Geschwindigkeit auf 130 km zu begrenzen, da kann man ja fast keinen Lkw mehr überholen. Außerdem passieren doch auf der Autobahn nachgewiesenermaßen die wenigsten Unfälle, weil der deutsche Autofahrer eben auch hohe und höchste Geschwindigkeiten bravourös meistert, und zwar bei jedem Abstand. Wir fahren auch dann noch sicher, wenn wir die Zeitung der im Fond des vor uns fahrenden Wagens sitzenden Passagiere mitlesen können.

Im Stau, da zeigen wir ganz besondere Qualitäten. So ein Stau, das ist ja, wie in einer anderen kleinen Geschichte dieses Büchleins nachzulesen ist, eine ganz spezielle Art von Schlange, die sich, – auch das kann man ja nicht oft genug sagen – von einer natürlichen Schlange vor allem dadurch unterscheidet, dass bei der Autoschlange das „A.... loch" vorne ist.

Und genau das ist der Grund für dieses ungeheure Interesse eines jeden deutschen Autofahrers, alles zu tun, um sich dieses „A...loch" mal persönlich anzusehen.

Die Fähigkeit, die linke Spur routiniert zu nutzen, verkümmert in einem Stau bekanntermaßen fast völlig, weil diese ja von den Vollidioten, die das Rechtsfahrgebot nicht einmal aus der Theorie kennen, blockiert wird. Deshalb bleibt dem erfahrenen deutschen Autofahrer nur noch eine Möglichkeit, an die Spitze dieser Schlange zu kommen: Er muss hüpfen, bzw. springen! Und das, was er auf den eigenen Füßen nicht mehr schafft, auch, weil mancher diese im Stehen ja gar nicht mehr sehen kann...,das beherrscht der

Deutsche am Volant perfekt und zwar nicht nur auf einer zweispurigen Autobahn. Nein, so ein richtiger Spurhüpfer, der schafft es mit zwei bis drei plötzlichen Beschleunigungsaktionen und ebenso abrupten Bremsmanövern spielend, innerhalb einer Minute von der äußerst rechten in die linke Spur zu wechseln. Deshalb werden diese Spurhüpfer in der Regel auch Spurwechsler genannt.

Kritisch und für alle Beteiligen und Nichtbeteiligten wird es dann, wenn der deutsche Autofahrer in seiner Lieblingsspur, also ganz links, mit ansehen muss, wie sich ein altersschwacher VW-Käfer, den er vor ewigen Zeiten im Rahmen eines Spurwechsels rasant überholt hatte, langsam aber unaufhaltsam auf der äußerst rechten Spur in Richtung Stauspitze vorbeischiebt, während sein Fahrer provozierend lässig bei geöffnetem Fenster eine Zigarette genießt. Dann gibt es kein Halten mehr. Mit leicht verkniffenem Gesicht und zwischen den Zähnen Flüche ausstoßend, angewinkelten Armen und einer insgesamt eher nicht entspannten Körperhaltung wird es der deutsche Autofahrer mit Hilfe geradezu schlangenartiger Fahrbewegungen und unter Nutzung aller drei Spuren innerhalb kürzester Zeit schaffen, sich vor diesen VW zu setzen. Und wenn das gelungen ist, vergisst dieser geniale Fahrer sogar für einen Moment, dass er sich jetzt in dieser diskriminierenden und nur den Sonntagsfahrern vorbehaltenen äußerst rechten Spur befindet...

Es gibt eigentlich nur eine Ausnahme, dass wir deutschen Autofahrer uns auf der rechten Spur einer Autobahn wohl fühlen und das vom Gesetzgeber verordnete Rechtsfahrgebot konsequent und sogar mit einer gewissen Wonne befolgen.

Na, hat der geneigte Leser schon eine Vermutung?

Richtig, wenn wir diese lahmen Enten und Ignoranten, die auf der Überholspur mit 130 Stundenkilometern den gesamten Verkehrsfluss blockieren, laut hupend und mit dem Zeigefinger an die Stirn tippend rechts überholen.

Diesen Zeitlupenfahrern sollte man die Benutzung der Autobahnen am besten verbieten; denn das ist ja wirklich nicht zum Aushalten. Was sollen denn die Ausländer denken. Die könnten ja angesichts dieser Schneckentempo-Praktizierer daran zweifeln, dass wir Deutschen, ... aber das hatte ich eingangs ja schon gesagt.

Für 19,99 € nach Wien

Das Urlaubsverhalten der Menschen hat sich in den letzten Jahren völlig verändert. Früher, da fuhr man jedes Jahr drei Wochen in den Sommerurlaub, und das war's dann. Dafür gab es eine ganze Reihe von Gründen. Erstens hatte man weniger Urlaub, zweitens gab es noch keine 5-Tage-Woche und drittens war die Angebotspalette nicht so umfangreich wie heute; die Verführungen allerdings auch noch nicht.

Flüge in den Urlaub waren früher die absolute Ausnahme und aus finanziellen Gründen auch nur besser betuchten Leuten möglich. Kurzurlaube nur für ein paar Tage oder über ein verlängertes Wochenende wurden von den Reiseveranstaltern kaum angeboten oder waren auf Grund der hohen Flugpreise einfach nicht attraktiv. Das Thema „Städtereisen" war weitgehend unbekannt. Und damit sind wir beim Thema.

Immer mehr Menschen erkunden die Hauptstädte Europas und andere schöne menschliche Ansiedlungen im Rahmen von Kurzurlauben oder perfekt durchorganisierten Arbeitsunterbrechungen von wenigen Tagen, sehr gern auch im Rahmen eines verlängerten Wochenendes; Stichwort „Brückentage".

Häufig sind es ganz spontane Entscheidungen, die uns an einem Freitag oder auch an einem ganz normalen anderen Werktag aus purem Vergnügen in ein Flugzeug steigen lassen.

Apropos „pures Vergnügen", dazu muss jetzt doch einiges gesagt werden, weil dieses Vergnügen zwar am Anfang durchaus pur zu sein scheint, im Laufe einer Flugbuchung aber an Reinheitsgrad deutlich verlieren kann bis hin zum völligen Verschwinden desselben.

Doch wie immer in diesen kleinen Geschichten: Am besten der Reihe nach.

Also, Herr und Frau Schienemann, dem geneigten Leser ja bereits bekannt, sitzen an einem Mittwochmorgen beim Frühstück. Herr Schienemann studiert dabei seine geliebte Heimatzeitung. Gesprochen wird deshalb wenig bis gar nicht, weil er sich ja hinter der Zeitung versteckt. Frau Schienemann frühstückt so vor sich hin, als sie plötzlich auf der Rückseite der Zeitung etwas sieht, das sie elektrisiert. „Liebling, schau doch mal eben auf die Rückseite Deiner Zeitung. Ich glaube, da bietet „Air Traum" einen Kurztrip nach Wien für 19,99 € an." Nicht sonderlich begeistert klappt Herr Schienemann die weit auseinandergefaltete Zeitung zusammen, um diese Anzeige genauer zu studieren.

„Bestimmt wieder eins von diesen „Pseudo-Schnäppchen", meint er, nicht sonderlich interessiert. „Kann man auch nur im Internet buchen; sollten wir uns heute Abend mal im Detail ansehen. Ich muss jetzt los."

Seine Frau ruft ihm aus der Küche zu:„ Ich habe gerade mal im Kalender geguckt, wir könnten doch versuchen zwischen dem 12. und 17. März für 3 Tage zu fliegen. Ich fände das super!"

Mit einem dieser berühmten und nichtssagenden Wangenküsse in der Tür und einem „Bis heute Abend, Liebling", verlässt Herr Schienemann das schmucke Eigenheim.

Im Büro angekommen, geht ihm die Idee seiner Frau nicht aus dem Kopf, und er beschließt, das Internet für seine privaten Interessen zu nutzen, was er im Kollegenkreis eigentlich immer lautstark kritisiert. Aber schließlich ist er auch nur ein Mensch und nach vielen, nicht immer aufregenden Ehejahren mittlerweile nicht mehr so ganz der Herr im Haus. Andersherum ausgedrückt: Es hat sich im Laufe der Zeit uneingeschränkt bewährt, dass er die Wünsche seiner Frau nicht nur zur Kenntnis genommen, sondern ab und zu auch erfüllt hat. Seien wir doch ehrlich, wem geht das nicht so?

Außerdem hat er sich auf der Fahrt ins Büro schon vorgestellt, wie schön es wäre, mal wieder durch Wien zu bummeln, wo er vor Jahren als junger Student ein Semester verbracht hat. Das Wort „studiert" wäre in Bezug auf diese knapp vier Monate seines Lebens nur bedingt zutreffend gewesen. Nicht nur der Stephansdom und die spanische Hofreitschule tauchen vor seinem geistigen Auge auf, sondern auch das Cafe „Hawelka" und vor allem die verschiedensten Baisel und Kneipen, in denen er seine Leber herausgefordert hatte.

Bevor diese kleine Geschichte weitergeht und ihrem Höhepunkt zustrebt, halte ich es für meine Pflicht, Sie, meine geschätzten Leser, darauf hinzuweisen, dass ich Ihnen im Folgenden die Konfrontation mit einigen mathematischen Sachverhalten nicht ersparen kann.

Mit diesen Bildern im Kopf gibt also Herr Schienemann in seinen Computer „www.air-traum.de" ein und schon öffnet sich die Homepage der Fluggesellschaft. Weil er durchaus geschickt mit seinem „Blechtrottel" umzugehen weiß, ist es für ihn kein Problem, sich bis zum Flugplan durchzuklicken. Routiniert gibt er Abflug- und Zielflughafen ein. Dann prüft er, ob es zwischen dem 12. und 17. März einen Flug nach Wien für 19,99 € gibt. Er hat Schwein, gleich am 12. März ist der Hinflug für 19,99 € möglich. „Ich bin eben ein Glückskind", sagt Herr Schienemann leise zu sich selbst. Jetzt nur noch den Rückflug am 15. März buchen, und alles ist perfekt. Mist, am 15. März gibt es zwar einen Rückflug, allerdings nur für 149 €. Auf so eine Sauerei lässt sich Herr Schienemann als alter Fuchs natürlich nicht ein und prüft erst mal den 16. und 17. März, den Hinflug kann man ja immer noch nach hinten schieben. Am 17. März wird er fündig; da kostet der Rückflug zwar immer noch 64 € statt der versprochenen 19,99 €, aber wenigstens keine 149 €. So nicht, nicht mit Heinz Schienemann! O.K., jetzt nur noch einen günstigen Hinflug am 14. März.

Beim erneuten Check des 12. März stellt Herr Schienemann übrigens fest, dass es zwar einen Hinflug für 19,99 € gegeben hätte, aber nur für einen einzigen Passagier, also gar keine zwei Plätze. Als Berufsoptimist nimmt er das Ganze sportlich und denkt: „Macht nichts, dass ich einen neuen Abflugtag wählen muss, der alte hätte ja für zwei Personen sowieso nicht geklappt." Problem ist nur, dass es am 14. März überhaupt keinen Flug für 19,99 € gibt, der billigste kostet 52 €. Ganz langsam schwillt Herrn Schienemann der Kamm, weil er sich, nicht völlig zu Unrecht, von der Fluggesellschaft verschaukelt fühlt. Wem würde das nicht so gehen, frage ich den geneigten Leser.

Also, neuer Versuch: Hinflug am 13. und Rückflug am 16. März. Weder für den Hin- noch für den Rückflug gibt es auch nur ein einziges Ticket für 19,99 €. Aber so leicht gibt Herr Schienemann nicht auf, obwohl er natürlich jetzt das Internet im Büro schon mehr als eine halbe Stunde für private Zwecke nutzt. Das ist Herrn Schienemann zwar peinlich, aber er beruhigt sich jetzt damit, dass es die anderen auch machen. Dass er diese Anderen deswegen sonst immer kritisiert, ist ihm im Moment nicht so präsent...

Nach langem Hin und Her und dem nicht zu unterdrückenden Wunsch, wenigstens ein einziges Ticket für 19,99 € zu erwerben, erweitert Herr Schienemann den Buchungszeitraum um 2 Tage nach hinten. Weil er seine Frau beim Heimkommen mit den elektronischen Tickets überraschen will, macht er das selbständig und ohne „Cross-Check", wie man so schön sagt, mit dem häuslichen Terminkalender. Er bucht als den Hinflug für den 15.,an dem er tatsächlich ein Ticket für 19,99 € bekommt und den Rückflug für den 19. März. Auch vier Tage kann man in Wien verbringen, ohne dass Langeweile aufkommt. Ganz im Gegenteil!

Insgesamt berechnet ihm die Fluggesellschaft für die beiden Round-Tickets 180 €. Nun will ich den geneigten Leser nicht mit weiteren Rechenexempeln langweilen, muss aber der Vollständigkeit halber hinzufügen, dass zu diesen 180 € noch folgende Kosten für jeweils zwei Personen addiert werden müssen:

Kerosinzuschlag:	40 €
Luftsicherheitskosten:	6 €
Ausländer-Tax:	6 €
Sitzplatzreservierung:	40 €
Transaction-Fee:	6 €
Gesamtsumme:	98 €

Auch diejenigen, die am Gymnasium in Mathematik weder einen Grund- noch einen Leistungskurs belegt hatten, werden erkennen, dass die ursprünglich veranschlagten Kosten von ziemlich genau 80 € sich nunmehr auf 278 € erhöht hatten. Wer Lust hat, mag die Steigerung auch noch in Prozent ausrechnen; Herrn Schienemann ist nicht danach. Außerdem hat er wegen der privaten Internet-Nutzung bereits ein schlechtes Gewissen. Er lässt sich die Tickets elektronisch ausdrucken, löscht alle Spuren seines verbotenen Tuns in seinem Rechner und machte jetzt das, wofür er bezahlt wird.

Als er abends in sein Auto steigt, ist er ein bisschen stolz auf sich, weil er genau das durchgezogen hat, was er sich vorgenommen hatte. Ein richtiger Mann, der darf eben nicht kleinkariert auf die Kosten schauen. Außerdem, welche Frau auf dieser Welt ist nicht jeden finanziellen Aufwand wert? Unsere eigenen doch auf jeden Fall oder?

Und darüber hinaus sollte man nicht vergessen, dass man wahrscheinlich ja noch günstig gebucht hat, wenn man daran denkt, dass einige Fluggesellschaften bereits überlegen, ob sie nicht eine weitere Sondergebühr für die Benutzung der Flugzeugtoilette einführen sollten.

– Ich kann Ihnen versichern, wenn das wirklich passieren sollte, pinkel ich auf den Sitz. Sorry, das gehört nun wirklich nicht hierher, aber der Verfasser dieser kleinen, aus dem Leben gegriffenen Geschichten ist eben auch nur ein Mensch.

Aber zurück zu Herrn Schienemann. Zu Hause angekommen, legt dieser die beiden Tickets geschickt halb unter das Set neben den Teller seiner Frau auf den bereits gedeckten Abendbrottisch.

Die Dame des Hauses entdeckt den Umschlag, als sie ihrem Mann mit dem zum Abendessen üblichen Glas Rotwein zuprostet. Fragend schaut sie ihren Göttergatten an, und der sagt zu seiner Herzallerliebsten: „Eine kleine Überraschung für Dich und auch für mich. Ich finde, wir haben sie uns wirklich mal wieder verdient."

Frau Schienemann öffnet voller Erwartung den Umschlag und strahlt, als sie die beiden Tickets sieht. Doch dann wird ihr Lächeln ein bisschen verkrampft:

„Liebling, das ist ja wirklich eine Überraschung, aber wusstest Du nicht, dass wir für den 18. März Opernkarten haben? Die 64 € dafür müssen wir jetzt wohl in den Wind schreiben."

„Damit erhöhen sich die Flugkosten für die Wienreise auf 342 €", überschlägt Herr Schienemann schnell im Kopf und quittiert die Neuigkeiten mit einem leicht gequälten:„Na denn, Prost."

DIE RICHTIGE SCHRAUBE

Jeder deutsche Mann ist ein Heimwerker. Deshalb gehören auch Baumärkte zu seinen favorisierten Einkaufszielen. Den deutschen Mann mit zwei linken Händen – und dazu noch ausschließlich Daumen – diesen Mann gibt es bei uns nicht, vielleicht in Italien oder Holland, aber nicht im Kernland Europas.

Direkt nach dem Krieg, da gab es ja in Deutschland diese berühmten „Self Made Men". Das war diese Spezies, die Deutschland aus dem Nichts wieder aufgebaut hat. Viele von diesen Wunderknaben hatten die Schule abbrechen müssen, weil sie zur Wehrmacht eingezogen wurden, und von einer soliden Ausbildung nach dem Krieg konnte häufig gar nicht die Rede sein. Man hat sich einfach etwas zugetraut, und es deshalb auch schnell zu etwas gebracht, wie man so sagt. Nach dem Krieg, da war diese Vision von den blühenden Landschaften kein Wunschtraum ohne Realitätsbezug, sondern ein Ziel, das durch harte Arbeit auch erreicht wurde und zwar beeindruckend schnell.

Heute, da kann man als „Self Made Man" nicht mehr viel werden. Heute, da braucht man bereits Abitur, um unter den Augen der Bauaufsicht einen Nagel einschlagen zu dürfen. Was früher der Meister gemacht hat, dafür gibt es heute einen Ingenieur – dem Ingenieur ist ja bekanntlich nichts zu schwör – und was früher der Ingenieur zu Wege gebracht hat, dafür ist heute mindestens ein Diplom Ingenieur erforderlich.

Und was früher, von vielen bestaunt und bewundert, der Diplom-Ingenieur – in Österreich würde man sagen „der Herr Diplom-Ingenieur" – an Kunstwerken vollbracht hat, das traut man heute nur noch einem diplomierten Ingenieur zu, der zusätzlich ein betriebwirtschaftliches Hochschulstudium aufweisen kann. Deshalb werden heute die Lebensläufe auch immer länger und diejenigen, die sich mit eben diesen um ihre erste Anstellung bewerben, auch immer älter. Wenn das so weitergeht, wird man irgendwann nicht mehr von der Rente mit 67 sprechen, sondern vom Berufseinstieg in eben diesem Lebensalter, weil jeder von einer Zusatzausbildung in die nächste gefördert wird und zwar vom Staat und damit auf Kosten der Gesellschaft.

Und weil das alles so ist, wie es ist, gibt es – handwerklich gesehen – nur noch einen Freiraum, in dem sich jeder anständige Deutsche ohne einen staatlichen Ausbildungsnachweis unbegrenzt und auch ungehemmt betätigen kann, und das ist der Lebensraum und Lebenstraum des Heimwerkers.

Um sich diesen Traum zu erfüllen, braucht Mann natürlich erst einmal einen Raum, in dem eine echte handwerkliche Entfaltung möglich ist. Bei Hauseigentümern ist so etwas in der Regel schnell in die Tat umzusetzen, weil genügend Kellerräume zur Verfügung stehen. Ist das Eigenheim allerdings nur teilunterkellert, kann die Realisierung des Hobbykellers, wie der Lebensraum eines Heimwerkers im Volksmund gern genannt wird, weil Werkstatt zu professionell und auch irgendwie zu phantasielos klingt, zu einem ersten Interessenkonflikt mit der Dame des Hauses führen. Es ist nämlich gar nicht so einfach zu erklären, warum es mehr Sinn macht, Waschküche und Vorratskeller zusammenzulegen als auf einen Hobbyraum zu verzichten. Aber wenn man der besseren Hälfte dann klar gemacht hat, welche Kosten zukünftig für Handwerker gespart werden können, weil alles sozusagen als Heimarbeit in Eigenleistung erledigt werden kann, wird der Kompromiss mit mehr oder weniger ausgeprägten Knirschgeräuschen abgesegnet. Als Alternativlösung wäre auch ein Dachboden akzeptabel, wenn er denn Stehhöhe hat. Eine solche Lösung ist besonders für die Heimwerker elegant, die sich von ihrem Selbstverständnis her zu Höherem berufen fühlen, weil ja ein Dachboden im Vergleich zum Keller, na ja, das ist ja selbsterklärend!

Wenn also ein geeigneter Raum gefunden wurde, gilt es diesen mit Sachverstand auszurüsten. Da wird erst einmal eine Werkbank angeschafft, weil man ja schließlich nicht auf dem Fußboden arbeiten kann. Außerdem braucht man einen Platz, um den Schraubstock zu befestigen. Dann wird eine Grundausstattung an Schraubendrehern, im Volksmund auch Schraubenzieher genannt, angeschafft, natürlich Schlitz- und Kreuzschraubenzieher, dazu das gleiche Sortiment an Schraubenschlüsseln. Hinzu kommen alle Varianten an Zangen und natürlich ein „Nüsse-Kasten", Hammer in verschiedenen Größen nicht zu vergessen. Natürlich müssen auch alle Arten von Bohrern, Feilen und Sägen im Hobbyraum verfügbar sein. Fast hätte ich Hobel, Schraubzwingen und Spachtel vergessen, ach ja und Winkelmesser, Wasserwaage, Zollstock und ein dicker roter Bleistift.

An Elektrogeräten stellen Bohrmaschine, Stichsäge, Schleifer und Elektro-Hobel quasi die Grundausstattung dar.

Diverse Klebstoffe gehören natürlich ebenso in einen Hobbykeller wie Strom- und Spannungsprüfer, Isolierband, diverse Elektro-Ersatzteile wie Stecker, Kabel etc., außerdem Karamba, Silikon, Fahrradöl und Moltofill, und last but not least natürlich das Verbrauchsmaterial. Das fängt bei Lampenbirnen, Lüsterklemmen, verschiedenen Farbtöpfen und Fahrradschläuchen an und hört bei Nägeln, Schrauben und Muttern auf. Schrauben natürlich in allen möglichen Längen, Dicken und Ausprägungen für Holz, Metall und Plastik mit Flach- oder Rundkopf, eben alle Arten, die Mann sich denken kann.

Dazu kommt selbstverständlich ein Werkzeugkasten, in dem die wichtigsten Werkzeuge – der geneigte Leser kann sich vielleicht gar nicht vorstellen, welche Werkzeuge für einen Mann wichtig sind – und Verbrauchsmaterialen sozusagen redundant gelagert werden, falls man zu einem Noteinsatz gerufen wird und zum Zusammenstellen des Werkzeug keine Zeit mehr bleibt.

Im Laufe eines mehr oder weniger langen Lebens wird eine solche Ausstattung des Hobbykellers immer mehr verfeinert und auch perfektioniert und natürlich auch sorgfältig gelagert und sortiert.

Die Ausstattung eines Heimwerker-Lebensraums hängt, das muss Mann den Damen gegenüber wohl zugeben, nicht nur vom Lebensalter seines Nutzers ab, sondern auch von der Häufigkeit seiner Baumarktbesuche und diesen Sonderangeboten, die einem überall aufgedrängt werden, nicht zuletzt in diesen Supermarktketten wie ALDI oder LIDL.

Nicht alle Geräte, die man sich angeschafft hat, sind im täglichen Gebrauch, um es einmal vorsichtig zu formulieren.

Ach ja, fast hätte ich vergessen zu erwähnen, dass so ein Hobbyraum mit der Zeit auch irgendwie ein bisschen wohnlich wird. Da steht dann auf einmal ein alter Sessel, der für den Sperrmüll wirklich noch zu schade war, und auch der alte Läufer aus dem Flur hat noch einen Platz gefunden. Es gibt natürlich auch ein Radio und jede Menge alter Kataloge, in denen man immer mal wieder blättern kann. An der Wand hängt die – meistens – aktuelle Bundesligatabelle, und selbstverständlich gibt es auch einen Flaschenöffner, obwohl Sprudel ja in der Regel in Flaschen mit Drehverschluss geliefert wird...

Ja, warum erzähle ich das eigentlich alles, wo es doch in dieser kleinen Geschichte eigentlich nur um die richtige Schraube geht? Ich erzähle es, weil man sonst die Tragik des nun folgenden Ereignisses überhaupt nicht verstehen kann, wenn dieser Vorlauf im Dunkeln bliebe, würde auch das Schicksalhafte dieser kleinen Begebenheit nicht erkannt werden.

Nach einem arbeitsreichen Tag sitzt Herr Schienemann – er steht, bzw. sitzt hier stellvertretend für den typisch deutschen Mann, also eigentlich für uns Männer insgesamt – in seinem Lieblingssessel und liest die Tageszeitung. Frau Schienmann, die nunmehr bereits seit 27 Jahren ein nicht immer abwechslungsreiches Leben mit ihm teilt, ist gerade mit dem Bügeln seines letzten Oberhemds fertig geworden. Auf dem Weg in die Küche sagt sie zu ihm: „Heinz, bei Gelegenheit musst Du mal nach dem Bügelbrett sehen. Ich glaube, an diesem Klappmechanismus fehlt eine Schraube."

Herr Schienemann, auch nach 27 Jahren ein immer noch mehr als durchschnittlicher Ehemann, reagiert unverzüglich, obwohl er natürlich lieber weiter in seiner Zeitung gelesen hätte. „Kein Problem, Liebling, das erledige ich sofort."

Herr Schienemann geht in den Hausarbeitsraum, schaut sich das Bügelbrett genauer an, und analysiert das Problem bestechend schnell.

„Das haben wir gleich", ruft er seiner Frau auf dem Weg in sein heimliches Reich, den Hobbykeller, zu.

Schnell hat er drei Schrauben herausgesucht, von denen eine sicherlich passen wird, nimmt auch die dazu gehörenden Schraubenzieher gleich mit und geht in den Hausarbeitsraum, um diesen kleinen Schaden – für einen Heimwerker seiner Qualität, eigentlich total unter Niveau – zu beheben. Erstaunt muss er jedoch feststellen, dass keine der drei Schrauben passt. „Wahrscheinlich ist dieses Bügelbrett wieder „Made in China" oder sonst wo in Fernost. Das kommt davon, wenn man diesen billigen Kram kauft, dann passt eben keine ordentliche deutsche Schraube. Na, Gott sei Dank bin ich ja bestens ausgerüstet und verfüge über ein entsprechend umfangreiches Sortiment", knüttert er vor sich hin.

Im Hobbykeller angekommen, sucht Herr Schienemann drei andere Schrauben und macht sich optimistisch, um nicht zu sagen siegessicher, wieder auf den Weg zum Bügelbrett. „Dauert es noch lange?" fragt seine Frau aus der Küche. „Das Abendessen ist fertig."

„Komme sofort, habe den Übeltäter schon, muss die Schraube nur noch reindrehen," antwortet ihr Göttergatte. Der geschulte Leser ahnt es vielleicht schon: Auch diese drei Schrauben passen nicht. Jetzt legt Herr Schienemann das Bügelbrett auf den Boden und dreht als Muster für den Ersatz eine weitere Schraube aus dem Klappmechanismus heraus. Mit dieser marschiert er erneut in den Keller, um sozusagen die Schwester oder den Bruder dieser Schraube rauszusuchen, leider vergebens. Die richtige Schraube ist nicht verfügbar. Als letzte Hoffnung bleibt die Kramdose, in der Herr Schienemann alles deponiert, was im Laufe der Jahre aus alten Geräten ausgebaut wurde, bevor er diese entsorgt hat. Wie die meisten anständigen deutschen Männer wirft Herr Schienmann nämlich nichts weg. Dieses „Mann weiß ja nie, ob Mann es nicht noch mal gebrauchen kann", hat sich schon oft bewährt. In diesem Fall aber leider nicht. Auch in der Kramdose findet er nicht die Schraube, die er sucht.

Mit etwas schleppendem Schritt steigt Herr Schienemann die Kellertreppe hoch, seine anfängliche Euphorie ist einer leichten Depression gewichen.

„Heinz, kommst Du jetzt, ich habe Rührei mit Speck gemacht, das wird sonst kalt."

„Wie spät ist es?" fragt Herr Schienemann. „Gleich viertel vor acht, wieso willst Du das wissen?"

„Dann hat der Baumarkt ja noch auf; ich muss da noch kurz was besorgen, weil dieses Bügelbrett so komische Schrauben hat, dass ich im Keller keinen Ersatz finde. Gib mir mal schnell das Geld, sonst schaff ich es nicht mehr."

Herr Schienemann springt in den Wagen und kommt gerade noch rechtzeitig im Baumarkt an.

Zielstrebig – man kennt sich ja schließlich aus – eilt er in Richtung „Schrauben-Gang". Da gibt es Schrauben aller Arten, in jeder Länge und Dicke, mit flachen und mit runden Köpfen, verzinkt und unverzinkt, Schlitz oder Kreuz.

Leider hat er in der Eile die Musterschraube in seinem Hobbykeller vergessen, und so kauft er sicherheitshalber ein ganzes Sortiment, von dem er überzeugt ist, dass die richtige Schraube dabei sein wird.

Wir wissen es nicht, aber wir wünschen es ihm, weil wir Männer uns mit Herrn Schienemann solidarisch erklären und zwar aus Gründen, die Frauen nur erahnen können...

CHRISTMETTE

Gehören Sie auch zu den s.g. „Taufscheinkatholiken", diesen eigentlich ganz netten Menschen, wie Du und ich, die zwar nach wie vor an Gott glauben, aber das nicht mehr im Rahmen des sonntäglichen Kirchganges bekennen?

– Hier muss ich schnell mal einflechten, bzw. bekennen, dass ich katholisch bin und darauf hinweisen, dass die folgende kleine Geschichte für die Evangelischen unter den geneigten Lesern vielleicht nicht in allen Details nachvollzogen werden kann. –

Also, für das Warum des nicht mehr praktizierten sonntäglichen Kirchgangs gibt es ja die unterschiedlichsten Begründungen, die allerdings vielleicht nicht immer so ganz den Tatsachen entsprechen, vor allem dann, wenn sie intellektuell besonders anspruchsvoll klingen. Von den einen „Nicht mehr in die Kirche Gehern" hört man dann so Sprüche wie: „Die Kirche bietet mir nichts mehr, weil sie den Sprung ins 21. Jahrhundert verpasst hat, sie ist einfach rückwärtsgewandt" oder „Angesichts der Ausbreitung von Aids muss sich der Papst doch mal fragen, ob sein Verbot von Kondomen nicht letztlich menschenverachtend ist." Andere erklären die eigene schlappe Haltung damit, dass die Priester nicht mehr das sind, was sie mal waren, dass sie sich ja praktisch in einem zivilen Gewand verstecken, damit man sie gar nicht mehr auf Anhieb erkennt. Und bei vielen steht der Vorwurf im Raum, dass lieb gewordene Traditionen heute in der Kirche keinen Platz mehr haben.

Alles nicht so ganz von der Hand zu weisen, aber häufig sind diese Argumente natürlich vorgeschoben. In Wirklichkeit hat man einfach keine Lust mehr, am Samstagabend oder Sonntagmorgen in die Kirche zu gehen. Liegt vielleicht auch daran, dass viele von uns Katholiken in ihrer Kindheit und Jugend zu oft in die Kirchen gezwungen wurden, und zwar nicht nur sonntags, sondern dazu noch in Schulmessen, in die Christenlehre, in Maiandachten und zu diversen Prozessionen.

Wie auch immer, darum geht's in dieser kleinen Geschichte überhaupt nicht, sondern viel mehr darum, dass wir als Kirchensteuerzahler von dieser Kirche nach wie vor einen bestimmten Service erwarten. Wir wollen, dass unsere Kinder getauft werden und zwar am liebsten in einer separaten Tauffeier, so wie früher.

– Eigentlich hätten wir es doch gern in vielen Bereichen so wie früher, allerdings mit dem heutigen Lebensstandard und Komfort, fällt mir gerade so ein. –

Auch unsere Kinder, die seit ihrer Erstkommunion oder Konfirmation vielfach im alltäglichen Leben keine Kirche mehr von innen gesehen haben, möchten natürlich nicht nur standesamtlich, sondern auch kirchlich heiraten und zwar in Weiß und mit Orgelmusik. Und ebenso natürlich erwarten Eltern und Großeltern später auch, dass die Kinder oder Enkelkinder einen Platz in einem kirchlichen Kindergarten bekommen. Tja, und last not least wollen wir doch alle – nach Möglichkeit allerdings noch nicht so bald – dass mal ein Pfarrer an unserem Grab steht, wenn unser letztes Stündchen geschlagen hat. Und dann soll der Pfarrer natürlich in seiner Ansprache detailliert davon erzählen, was wir für tolle Typen gewesen sind und was für ein Verlust unser Tod für die ganze Menschheit ist, obwohl er uns eigentlich gar nicht kennt, weil er uns so gut wie nie in der Kirche gesehen hat.

Hoppla, jetzt ist es ja alles ganz schön ernst geworden, obwohl ich das eigentlich gar nicht wollte. Kann aber auch nicht schaden, oder?

Eigentlich will ich ja davon erzählen, wie sich unsere Einstellung zur Kirche und vor allem zum Besuch derselben, einmal im Jahr, und zwar exakt am 24. Dezember schlagartig verändert.

Weihnachten, das ist nicht nur das Fest der Liebe, der Weihnachtsgans und des Tannenbaums, sondern vor allem der Anlass schlechthin, Familientraditionen zu pflegen. Und dazu gehört eben vor oder nach der Bescherung auch der Besuch der Christmette.

Über den Ursprung der Christmette findet man natürlich auch im Internet etwas. Da heißt es z.B. „Unter Christmette versteht man ursprünglich das in der Heiligen Nacht gesungene Morgengebet (Matutin, Laudes) der Kirche zum Weihnachtsfest. Volkstümlich ist unter der Christmette die weihnachtliche Mitternachtsmesse zu verstehen."

Und genau deshalb gab es ja, als viele von uns noch klein und andere noch gar nicht geboren waren, in der Heiligen Nacht morgens um 05:00 Uhr noch die Ucht. Könnt

Ihr Euch erinnern, wie müde man da war und wie man in der ungeheizten Kirche gefroren hat? Da konnten einen auch brausende Orgelklänge und das „In Dulce Jubilieren" des Kirchenchors nicht erwärmen.

Heute, da hat die Kirche ihr Angebot erheblich erweitert und verfeinert.

– Vielleicht ist sie ja gar nicht so rückständig, wie manche von uns behaupten? –

Die Christmette um Mitternacht, die viele von uns auch noch aus der Kindheit kennen, ist eigentlich out. Stattdessen gibt es jetzt eine Vesper für Eltern mit kleinen Kindern, meistens am 24. Dezember so gegen 15:00 Uhr, danach, häufig um 17:00 Uhr eine Familienmesse und für die Erwachsenen ohne Kinder um 22:00 Uhr die eigentliche Christmette.

Dieses System wird aber nicht von allen Weihnachtschristen kapiert.

So wundern sich die Eltern mit kleinen Kindern darüber, dass viele Erwachsene, die ihre Kinder im Vorschulalter offensichtlich zu Hause vergessen haben, ihnen die Plätze wegnehmen und auch später komischer Weise kein Interesse haben, der Einladung des Pastors zu folgen, nach vorne zu kommen, um die Krippe anzuschauen.

Diese Erwachsenen behaupten zwar immer, sie gingen nur deshalb in die Vesper, weil man dann noch im Hellen wieder zu Hause wäre. In Wirklichkeit aber gehen die meisten dieser Spezies wohl deshalb schon um 15:00 Uhr, damit man es weg hat und nicht noch nach der Bescherung wieder los muss, wie man so schön sagt.

Und jetzt komme ich zu einer Besonderheit, die mir aus der Kindheit noch sehr vertraut ist und die sich über die Jahrzehnte praktisch unverändert gehalten hat:

Weil an Weihnachten auch viele dieser Taufscheinkatholiken – vielleicht gibt es das bei den Protestanten auch? – zur Messe gehen, sind die Kirchen nicht nur voll, sondern werden bis an den Rand ihrer Kapazitäten ausgeschöpft. Das gilt natürlich besonders für die Sitzplätze. Deshalb muss man zur Christmette immer schon so früh los, damit man mindestens 20, besser 30 Minuten vor Beginn in der Kirche ist, sonst könnte das Ganze auf einen wenig komfortablen Stehplatz im Seitenschiff hinauslaufen.

Falls erwachsene Kinder das Weihnachtsfest im Elternhaus verbringen und auch den Gottesdienst nicht verweigern, machen die sich, bisweilen mit einem gewissen Unverständnis, ebenfalls frühzeitig mit auf den Patt, wie man im Münsterland sagt. Manchmal geht der erwachsene Nachwuchs, auf Grund einer höheren Schrittgeschwindigkeit oder längerer Beine oder beidem, schon vor und reserviert eine Bank. Man kann ja nie wissen, wann die Alten es bis zur Kirche schaffen...

Wenn man dann mit einer gewissen Befriedigung in der Kirche Platz genommen hat, vertreibt man sich die Zeit damit zu gucken, wer denn sonst noch so in der Kirche ist. Bisweilen wundert man sich darüber, dass der eine oder andere den Weg überhaupt noch gefunden hat, aber Weihnachten ist ja das Fest der Liebe, und deswegen soll man auch nicht schlecht über andere denken, vor allem dann nicht, wenn man selbst zwar in der Kirche, aber gleichzeitig auch im Glashaus sitzt...

Die Kirche füllt sich zunehmend, und bald sind sogar die Plätze hinter den Säulen besetzt. Das sind wohl Leute, denen es reicht, das Wort Gottes zu hören ohne dessen Verkünder auch zu sehen!

Und jetzt kommt der Auftritt dieser „noch in die Bank Quetscher". Meistens sind das Frauen, die Zeit genug gehabt hätten, früher loszugehen, die aber darauf vertrauen, dass andere bestimmt noch rutschen, wenn sie ankommen.

Bilder aus der Kindheit stehen vor meinem Auge, wenn diese, eher etwas füllige, ältere Dame kurz bevor der Priester hinter seinen Messdienern die Sakristei verließ, schnaufend in die Kirche kam und sich dann demonstrativ neben unsere Bank stellte. Dann folgte dieser vorwurfsvolle, ja beinahe anklagende Blick, mit dem sie allen bereits in der Bank sitzenden Gläubigen versuchte, ein schlechtes Gewissen zu machen. Ich saß als Kind schon gar nicht mehr außen, weil es sich früher sonst gehört hätte aufzustehen, um dieser „Zuspätkommerin" den Platz anzubieten. Nein, außen saß Mutter, und die begann dann nach innen zu rutschen, und diese Bewegung des leicht den Hintern Anhebens setzte sich durch die ganze Bankreihe fort. Dankbar, aber irgendwie auch mit einer unverschämten Selbstverständlichkeit, nahm die Betroffene das Angebot an und setzte sich zunächst erst einmal mit einer Pobacke in die Bank. Dabei hatte sie in der Regel diese obere seitliche Begrenzung der Bank zwischen ihren gut gepolsterten Schulterblättern.

Das blieb aber nur so bis zum ersten Lied. Wenn nämlich dazu alle aufstanden, nutzte die „Zuspätkommerin" die Gelegenheit, den gesamten Hintern unterzubringen, und das war meistens nicht wenig! Und wenn wir uns dann zur Lesung wieder setzen wollten, blieb für mich meistens nur noch die Vorderkante der Bank übrig oder ich musste sogar knien. Ich habe diese Frauen dafür gehasst, obwohl man so was ja eigentlich nicht darf und in der Kirche schon gar nicht.

Zurück in der Gegenwart stelle ich fest, dass sich das gesamte Ritual heute noch genauso abspielt wie in meinen Kindertagen, nur dass ich jetzt nicht mehr vorne auf der Kante sitze.

Die vorbildliche Christin, die ganz außen in der Bank sitzt, hebt leicht den Hintern..., und da sage noch einer, es gäbe in der Kirche heute keine Tradition mehr!

ÖFFENTLICHE VERKEHRSMITTEL

Zunächst einmal muss ich mich der Ehrlichkeit halber als Autofahrer outen und darüber hinaus zugeben, dass ich nur über sehr eingeschränkte praktische Erfahrungen mit öffentlichen Verkehrsmittenl verfüge.

Ich bitte den geneigten Leser, diese beiden Faktoren im weiteren Verlauf dieser kleinen Geschichte zu berücksichtigen und im Hinterkopf zu behalten, weil dadurch natürlich bei der Nutzung öffentlicher Verkehrsmittel immer eine etwas negative Vorspannung bei mir vorliegt, so eine Mischung aus Skepsis und Hilflosigkeit.

Das fängt beim Zugfahren an. Da stört es mich schon, wenn ich länger verreise, dass ich alles einpacken muss und nicht, wie im Auto, einfach über den Sitz legen kann. Aber selbst mir leuchtet natürlich ein, dass sich diese Packmethode für Bahnfahrten nicht eignet. Was ich allerdings dann nicht verstehe, ist, dass es keinen vernünftigen Platz gibt, den Koffer abzustellen. Früher, ich meine in dieser oft beschworenen guten alten Zeit, da gab es in jedem Zugabteil über den Sitzen Gepäcknetze, in denen man alles deponieren konnte und in die Mann, für ein dankbares Lächeln, auch die Koffer älterer Damen wuchten durfte. Der Abstand vom Gepäcknetz zum Waggondach war so groß, dass man sogar zwei Koffer übereinander stapeln konnte. Damals war man nämlich so pfiffig, dass diese Ablagen praktisch oberhalb der Rückenlehnen angebracht waren und nicht, wie heute, an der Außenwand der Waggons, die ja am bekanntermaßen zum Dach hin abgerundet ist und damit überhaupt keinen Raum für ein normales Gepäckstück mehr bietet.

Wenn jetzt jemand sagt, dass es heute am Anfang eines jeden Waggons extra Regale für großes Gepäck gibt, dann sage ich ihm, dass dieser Platz in der Regel für die Anzahl der Gepäckstücke nicht ausreicht, er außerdem für einen großen Schalenkoffer zu klein ist und last but not least man den Koffer dort nicht im Auge hat.

Also, das mit dem Gepäck, das ist das eine Problem, das andere ist, dass es an vielen kleinen Bahnhöfen überhaupt keinen Schalter mehr gibt und damit auch keinen netten Mann in einer blauen Uniform, der einem die Fahrkarte verkauft und außerdem noch alle Fragen im Zusammenhang mit der geplanten Bahnfahrt beantworten kann. Und das dritte Problem ist die Unpünktlichkeit oder sogar die Unzuverlässigkeit der Bahn, ohne darauf im Einzelnen einzugehen. Der geneigte Leser soll sich nämlich jetzt noch nicht aufregen; das kommt erst später.

Kommen wir also vom öffentlichen Fernverkehr sozusagen zu dem in der näheren Öffentlichkeit. Damit meine ich Straßenbahnen, Busse, S- und

U-Bahnen. Allen ist gemeinsam, dass man als Mitfahrer 40 € Strafe zahlen muss, wenn man diese Gefährte ohne einen gültigen Fahrschein benutzt. Dagegen ist im Grunde nichts zu sagen. Was ist schon umsonst außer dem Tod, und der kostet bekanntlich ja das Leben, ist also auch eigentlich nur gebührenfrei, wenn man die Beerdigung mal unberücksichtigt lässt.

Vorzuwerfen ist den Betreibern dieser Netze allerdings, dass eigentlich nur die Besitzer von Monatskarten relativ stressfrei diese Vehikel nutzen können. Otto der Gelegenheitsfahrer steht schon in seiner Heimatstadt bzw. der nächstgelegenen und eigentlich durchaus vertrauten größeren Stadt, die über ein öffentliches Verkehrsnetz verfügt, einigermaßen auf dem Schlauch, wenn er öffentlich und nah verkehren möchte. (Nicht das, was mancher jetzt vielleicht meint!!)

Zunächst muss er sich einen Fahrschein kaufen, was zwar auf den meisten Bahnhöfen, aber nicht an allen Haltestellen möglich ist. Wer steigt aber schon immer an einem Bahnhof ein? Man muss also erst einmal wissen, wo man sich überhaupt einen Fahrschein kaufen kann. Und wenn man dann z. B. diesen Kiosk gefunden hat, braucht man einen fachlichen Rat, welchen Fahrschein man denn erwerben soll. Da gibt es ja mehr Alternativen als einem lieb sein kann. Da man keine Stadtrundfahrt machen will und es sich bei einer einzelnen Person auch nicht um eine Gruppe handelt, man auch nicht schwerbehindert und deshalb ohne Begleitung ist, – die in vielen Städten übrigens frei fahren darf –, entscheidet man sich für eine Streifenkarte.

Als stolzer Besitzer dieser Karte will man jetzt zum Beispiel die Treppe runter zur U-Bahn eilen, wird aber jäh gebremst, weil vor der Treppe so ein kleiner roter Kasten steht, mit dessen Hilfe man den Fahrschein entwerten kann und damit auch erst gültig macht. Aber woher soll man zum Teufel wissen, wie viele Streifen man für die Strecke entwerten soll, die man sich der Bahn anvertrauen möchte.

Man geht also auf den Bahnsteig und findet dort eine Graphik, eigentlich einen Stadtplan, auf dem verschiedene Kreise zu sehen sind. Lesen kann man eigentlich nichts so richtig, weil der Kartenmaßstab zu klein ist oder zu groß, je nach Sichtweise. Ja, und dann diese Kreise, bei denen es sich um Zonen handelt. Wer soll das denn kapieren?

– So langsam darf sich der geneigte Leser jetzt aufregen, obwohl wir den tragischen Gipfel einer Nutzung des öffentlichen Nahverkehrs noch nicht erreicht haben. –

Also, man kapiert es nicht und muss schon wieder fragen. Dabei wundert man sich, wie viele Leute „auch nicht von hier" sind und deswegen ebenfalls keine Ahnung haben. Erschreckend!!

Schließlich hat man die klare Aussage, dass man zwei Streifen entwerten muss und das auch in der Bahn selbst machen kann und dass man die Linie 16 nehmen soll, bei der sich in genau diesem Augenblick die automatischen Türen schließen...

Dieses Erlebnis hätte man nicht gebraucht, aber die 10 Minuten bis zur nächsten Bahn geben einem Gelegenheit, die Leute zu studieren, die mit öffentlichen Verkehrsmitteln fahren. Eigentlich sehen die aus wie Du und ich. Man ist also als Autofahrer eigentlich gar nichts Besonderes; so kann man sich irren.

Die nächste 16 kommt, man steigt ein und stellt fest, dass sich das kleine rote Kästchen am Ende des Waggons befindet. Bis man sich dorthin durchgeschlängelt hat, hätte man schon leicht als Schwarzfahrer entlarvt werden können.

Haben Sie übrigens mal so eine Aktion gesehen, wenn auf Schwarzfahrer Jagd gemacht wird? Das ist besser als der an einer anderen Stelle dieses Büchleins beschriebene Tatort am Sonntagabend. Also, diese Kontrolleure, die treten immer in Kleingruppen von drei bis vier Mann an. Sie sind ausgesprochen unauffällig gekleidet, und man kann ihren zweifellos vorhandenen, ausgeprägten Jagdinstinkt nicht auf den ersten Blick erkennen. Sie haben offensichtlich zumindest eine halbmilitärische Ausbildung absolviert, weil sie ihren Einsatz in der Regel überraschend und in Form einer Zangenbewegung durchführen. Wenn der Zug an einem Bahnsteig hält, dann springen sie gleichzeitig durch alle Türen eines bestimmten Waggons, um so potenziellen Schwarzfahrern den Fluchtweg abzuschneiden. Sie kontrollieren systematisch alle Passagiere, und man kann nur an einem kleinen triumphierenden Lächeln erkennen, wenn sie einen erwischt haben. Gezahlt wird an Ort und Stelle.

Da aber der geneigte Leser nicht zu diesen Schwarzfahrern gehören dürfte, können wir in unserer kleinen Geschichte fortfahren. Wo war ich stehen geblieben? Ach ja, man hat jetzt einen gültigen Fahrausweis, wie das offiziell heißt, und muss nur noch wissen, nach wie vielen Haltestellen man aussteigen muss. Da gibt es ja diese Strich-Kunstwerke in verschiedenen Farben, die für die einzelnen Linien der Bahn stehen. Wenn man Glück hat, ist eine solche Graphik an der Seitenwand des Waggons angebracht; hat man Pech, befindet sie sich an der Decke. Bis man sich darauf zurechtgefunden hat, fühlt man bereits eine leichte

Genickstarre, und es ist nicht außergewöhnlich, dass die Bahn die ausgewählte passende Haltestelle bereits passiert hat, bevor man diese auf der Graphik entdeckt hat. Gott sei Dank kostet Zurückfahren innerhalb einer bestimmten Zeit nichts extra, wenn man von den eigenen Nerven einmal absieht.

So, das war jetzt die Nutzung des öffentlichen Nahverkehrs in einer grundsätzlich bekannten Umgebung.

Ich denke, es gehört nicht viel Phantasie dazu sich vorzustellen, wie das in einer deutschen Großstadt aussieht, in der man sich überhaupt nicht auskennt.

In Berlin ist das alles nicht so schlimm, weil die S-Bahn – so hat man es mir jedenfalls gesagt – im Kreis fährt. Man muss also nur einfach sitzen bleiben. Irgendwann schafft man es, an der richtigen Haltestelle auszusteigen, wenn nicht in der ersten oder zweiten Runde, dann eben in der dritten. Das Ganze darf man allerdings nicht mit einer Stadtrundfahrt verwechseln.

Wenn man jedoch als Preuße in München mit der S- oder U-Bahn fährt, dann kommt zu all den schon beschriebenen Unbilden noch hinzu, dass man die Lautsprecheransagen überhaupt nicht versteht. Da könnte man meinen, man wäre im Ausland, was ja im weitesten Sinne auch der Fall ist, empfinde ich als Westfale jedenfalls.

So, und damit wären wir bei der größten Herausforderung, die es im Zusammenhang mit öffentlichen Verkehrsmitteln gibt, nämlich ihre Nutzung im Ausland.

Die Probleme und Schwierigkeiten, die ich bereits versucht habe aufzuzeigen, die addieren sich nicht im Ausland, sie multiplizieren sich auch nicht, nein, sie potenzieren sich!

Im Ausland ist es ja häufig so, dass eine andere Sprache gesprochen wird, worüber sich übrigens einige Deutsche immer noch wundern, genauso wie darüber, dass es nicht überall Wiener Schnitzel gibt. Aber das ist ein anderes Thema und gehört nun wirklich nicht hierher.

Was ich sagen will, ist, dass es im Ausland schwierig ist, sich verständlich zu machen, und dass dies besonders schwer fällt, wenn es darum geht, etwas zu erklären, was man selbst nicht versteht, wie z.B. das Funktionieren des öffentlichen Nahverkehrs.

Will man in Südeuropa den öffentlichen Nahverkehr nutzen und hat dazu einige Fragen, dann hilft häufig auch Englisch nicht weiter. Ein Spanier spricht eben Spanisch, und darüber darf man sich nicht wundern, auch wenn es einem selbst vielleicht spanisch vorkommt.

Im Hotel liegen zwar alle möglichen Pläne aus, aber häufig kann einem an der Rezeption, weil sie von einer netten aber ahnungslosen Autofahrerin besetzt ist, nicht einmal gesagt werden, wo es überhaupt Fahrscheine für den Nahverkehr zu kaufen gibt.

Wenn das mit einem mehr oder weniger großen Aufwand und unter Einsatz aller, zum Teil nur rudimentär vorhandener Fremdsprachenkenntnisse noch geklärt werden konnte, beginnen die bereits beschrieben Schwierigkeiten. Doch zusätzlich passiert es nicht selten, dass man die Antworten in einer fremden Sprache nicht richtig kapiert hat, dies aber nicht merkt oder nicht zugeben will und deswegen in Busse, Straßenbahnen oder auch S- und U-Bahnen einsteigt, die überhaupt nicht zu der Sehenswürdigkeit fahren, die man sich für den jeweiligen Tag ausgesucht hat.

Das stört aber nur solche Menschen, die sich für jeden Tag in einer fremden Stadt einen exakten Plan gemacht haben. Ich finde, die sollten sowieso besser zu Hause bleiben, weil dort alles seine Ordnung hat.

Wer reisen will, vor allem mit öffentlichen Verkehrsmitteln in einer fremden Stadt oder sogar in einem fremden Land, der sollte diese Busse und Bahnen nutzen, um die eigene Spontaneität zu testen. Das hält nämlich jung!

ANRUF BEIM SONNTAGSKRIMI

Gucken Sie am Sonntagabend „Tatort"? Falls nicht, gibt es das nachfolgend beschriebene Ärgernis in gleicher Form auch bei „Rosamunde Pilcher". Aber der Reihe nach:

Jeder anständige Deutsche, dem es gelungen ist, noch in Brot und Arbeit zu sein, geht seiner Tätigkeit von montags bis freitags mit unterschiedlicher Freude nach.

Am Freitag beginnt er sich innerlich auf das vor ihm liegende Wochenende vorzubereiten. Er ist in dieser s.g. „ POETS-Stimmung ". Das heißt auf Neuhochdeutsch : „Piss on everything, tomorrow is Saturday". (Die sozusagen offizielle Bedeutung kann übrigens mittlerweile sogar bei Wikipedia recherchiert werden).

Weniger anspruchsvolle Werktätige begnügen sich mit dem Motto „TGIF", steht für „Thanks God is Friday". Wie auch immer es um den Einzelnen bestellt ist, jeder freut sich auf das vor ihm liegende Wochenende, an dem man – mal wieder – so richtig ausspannen und die Seele baumeln lassen will.

Irgendwann zwischen 12:00 und 16:00 Uhr wirft man – in diesem Fall „Mann"– noch einen letzten Blick auf seinen Arbeitsplatz und macht sich auf den Nachhauseweg. In den eigenen vier Wänden angekommen, wird man mit der Realität konfrontiert und statt erst einmal gemütlich einen Kaffee zu trinken, schockt uns das liebste weibliche Wesen, das man kennt, mit der Planung des Wochenende.

Beim Militär würde man sagen: Sie gibt den Wochenend-dienstplan bekannt.

Als erstes steht der Wochenendeinkauf auf dem Programm, den könnte man zwar auch noch am Samstagmorgen machen, aber nur theoretisch, weil abends – nennen wir sie Hans und Elke – zum Essen kommen. Außerdem geht es am Samstagmorgen nicht, weil da Wochenmarkt ist.

Also nichts mit einem gemütlichen Kaffee, sondern zurück ins Auto und ab ins Gewühl. Stressfrei kann man so einen Einkauf am Freitagnachmittag nicht nennen, weil zu viele Leute offensichtlich abends Besuch bekommen und, wie man so schön sagt, auch nichts im Haus haben.

Der Abend mit Hans und Elke verläuft bestens. Das Essen schmeckt, wird überschwänglich gelobt, und die Dame des Hauses strahlt. Danach klönt man noch eine Runde und auf einmal ist es 01:30 Uhr. Mit einem „Sorry, aber bei Euch ist es auch immer so gemütlich", verabschieden sich Elke und Hans. Als der Tisch ab- und die Spülmaschine eingeräumt sind, steht der große Zeiger auf der 12 und der kleine auf der 2. Weil man noch so aufgekratzt ist von dem schönen Abend wird es 02:30 Uhr bevor man ins Reich der Träume abtaucht.

Wäre das schön, am Samstagmorgen auszuschlafen, geht aber nicht, weil Wochenmarkt ist und es am Samstag viel mehr Stände gibt als mittwochs.

Nachmittags um 14:00 Uhr ist der wöchentliche Fitness-Termin in der Mucki-Bude. Gegen 16:00 Uhr sitzt man in einer wohligen Müdigkeit am Kaffeetisch. Aber keine

Schwächen zeigen, um 20:00 Uhr ist ein Jazz-Konzert im Kultur-Center. Eigentlich ist man viel zu abgeschlafft dafür, aber da die Karten schon seit vier Wochen im Nachtschränkchen liegen, gibt es kein Pardon. Beim Konzert trifft man natürlich Freunde, und das führt automatisch zu einem Absacker in der Lieblingskneipe. Bis man zu Hause ist, weil aus dem einen Absacker ein paar wurden und zwar nicht groß, sondern klein geschrieben, steht der kleine Zeiger schon wieder fast auf der 1 und der große auf der 9.

Wirklich erholsam, so ein Wochenende!

Am Sonntagmorgen könnte man ja ausschlafen, wenn nicht eins der Kinder zu einem Fußballspiel gebracht werden müsste. Natürlich ist es ein Auswärtsspiel, und es sollen noch drei andere Kicker mitgenommen werden. Spielbeginn ist 11:00 Uhr, also muss man spätestens um 09:30 Uhr los. Kommt einem doch alles irgendwie bekannt vor, oder?

Wegen des Spiels gibt es erst um 14:00 Uhr Mittagessen, also zu einer Zeit, zu der Otto der Normalverbraucher am Sonntag ein Schläfchen zu machen pflegt und zwar ganz unterschiedlicher Art, ohne weiter ins Detail zu gehen...!

Als man gegen 15:00 Uhr gerade daran denkt, dieses selbst auch zu praktizieren, schellt es an der Tür. Überraschungsbesuch der Schwiegermutter. „Mich hast Du bestimmt nicht erwartet, aber dafür habe ich den Kuchen mitgebracht", begrüßt sie den etwas sparsam schauenden Schwiegersohn. Der muss natürlich erst mal damit fertig werden, den Besuch der Schwiegermutter als Alternative zu dem zu akzeptieren, was er sich gerade noch vorgestellt hat...!

Aber, Mann ist ja gut erzogen, will auch keinen Ärger, und so macht Mann gute Miene zum bösem Spiel. Nachher wird es eigentlich noch ganz nett bis auf die Tatsache, dass die Schwiegermutter fast bis 19:30 Uhr bleibt.

Jetzt ist Eile angesagt; denn um 20:15 Uhr kommt „Tatort", und den darf man nicht verpassen.

Schnell werden in der Küche ein paar Schnittchen fertig gemacht, mit denen ziehen sich die Kinder vor den Computer zurück.

Man selbst macht es sich bei einem Glas Wein im Wohnzimmer bequem. Endlich nimmt das Wochenende die Form an, die man sich seit Freitagnachmittag gewünscht hat: Gemütlich mit der Herzallerliebsten vor dem Fernseher, dazu ein paar leckere Schnittchen, ein Glas Wein und dann „Tatort gucken".

In den Nachrichten gibt es nichts Neues und der Wetterbericht ist nicht dazu geeignet, eine Vorfreude auf die kommende Arbeitswoche zu entwickeln.

Noch ein bisschen im Fernsehsessel oder auf dem Sofa zurechtgeruckelt, und dann ertönt der Vorspann. Es erscheinen die beiden Augen in dem Schlitz auf dem Bildschirm, und ein wohliges Kribbeln macht sich in der Magengegend breit.

Vom Fernseher entführt in eine Münchener Vorstadt, in die Wohngegend der Schönen und Reichen, wartet man gespannt auf die erste Leiche, da klingelt das Telefon. Nein, nicht im Fernseher, sondern in der eigenen Wohnung.

„Geh einfach nicht dran. Wer was will, kann ja auf den Anrufbeantworter sprechen. Außerdem, welcher Idiot ruft denn an, wenn der Tatort läuft?" stellt der Herr des Hauses sehr bestimmt fest. „Aber, wenn es was Wichtiges ist?", entgegnet die Herzallerliebste. „Kann gar nicht wichtig genug sein, um mich beim Tatort zu stören", knurrt der schon ziemlich angefressene Partner.

In diesem Moment kommt der Filius ins Zimmer, in der Hand das Telefon: „Oma ist dran, sie hat vorhin wohl was vergessen."

Gleichzeitig erscheint auf dem Bildschirm eine wunderschöne, aber offensichtlich tote Frau, und niemand hat gesehen, wer für diesen Zustand verantwortlich ist...

Wäre die Anruferin jetzt im Wohnzimmer, könnte wohl keiner dafür garantieren, dass sie nicht ein ähnliches Schicksal nähme!

LIEGENRESERVIERER IM URLAUB

Waren das noch Zeiten, als man in den Harz in den Urlaub gefahren ist oder an die Ostsee. Da ist man entweder im Wohnwagen hingefahren oder hat sich eine Ferienwohnung gemietet oder sich – im höchsten der Gefühle – in einem kleinen Hotel oder einer Pension einquartiert. Auf dem Campingplatz und in der Ferienwohnung war man ja quasi autark. Im Wohnwagen hatte man sich sein kleines Zuhause auf Rädern mitgenommen, und in der Ferienwohnung war eigentlich auch alles wie zu Hause, wenn man mal davon absah, dass man nach Besteck oder Geschirr länger suchen musste und die Programme im Fernseher vielleicht anders eingestellt waren. Wenn man eine Pension gebucht hatte, war das meistens nur mit Frühstück und im Hotel in der Regel Halbpension. Was außer Quartier und Unterkunft arrangiert werden musste, um den Urlaub zu einem ungetrübten Genuss werden zu lassen, das hatte man selbst in der Hand. Für Wandertouren wurden die Rucksäcke gepackt oder wenn es zum Strand ging, dann mussten eben die Badesachen mitgenommen werden. In Westdeutschland waren das in der Regel ein paar mehr Klamotten als im Osten unseres Vaterlandes, weil man dort ja meistens vom Parkplatz im Bademantel zum Strand ging, um dann auch diese letzte Hülle dezent fallen zu lassen. Komisch, dass dieses FKK dort völlig normal war, während es im Westen eher als Ausnahme galt und noch immer so ist. Wahrscheinlich liegt es daran, dass die

Ostdeutschen einfach schöner sind und sich deswegen so ungeniert nackig zeigen oder sie haben ein ausgeprägteres Selbstbewusstsein und machen sich deswegen keine Gedanken, ob sie im Adams- bzw. Evakostüm für andere Urlauber eine Augenweide oder eher eine Zumutung sind.

Am Strand baute man sich entweder eine Sandburg, in der man es sich gemütlich machte oder mietete einen Strandkorb. In der Luxusvariante wurde der Strandkorb für die Dauer des gesamten Urlaubs gemietet und in der eigenen Sandburg so platziert, dass eine optimale Sonnennutzung garantiert war.

Na ja, wir brauchen uns mit so einem Urlaub auch nicht weiter zu beschäftigen, weil es um diese Art von Ferien in dieser kleinen Geschichte gar nicht geht.

Wer aus Gründen der Tradition oder weil es ihm ganz einfach gefällt, seinen Urlaub auch heute noch so gestaltet, der braucht diese kleine Geschichte eigentlich gar nicht zu Ende zu lesen, weil er oder sie von dem nun Folgenden überhaupt nicht betroffen ist. Außerdem kann man sich diese Szenen selbst bei einer ausgeprägten Phantasie nicht vorstellen, wenn man sie nicht aus eigenem Erleben kennt.

Wir können auch diese Zwischenphasen mit den früheren Italien- oder Spanienurlauben ebenso weglassen wie die jährlichen Auszeiten im Ferienhaus in Holland oder Dänemark.

Nein, wir wollen uns mit diesen „All inclusive Urlauben" beschäftigen, die ja heute so richtig in Mode sind. Bei dieser Form von Urlaub muss man nur buchen, bezahlen und braucht sich dann um nichts mehr zu kümmern, das heißt fast um nichts, aber dazu später mehr.

In der Regel steigt man in so einen Ferienflieger, der auf Grund der Sitzabstände „gemütlicher" ist als ein Linienflugzeug. Man sitzt näher zusammen, und dadurch entwickelt sich praktisch schon im Flieger irgendwie so ein Gruppengefühl, obwohl ja nicht alle in dieselbe Ferienanlage fliegen. Ach ja, fast hätte ich es vergessen zu sagen, Stichwort „Ferienanlage".

Bei einem „all inclusive Urlaub" – im Ruhrgebiet würde man vielleicht sagen: „Urlaub mit alles" – fliegt man üblicherweise in eine Ferienanlage. Da spielt es eigentlich überhaupt keine Rolle, in welchem Land so ein Freizeit-Ressort liegt, weil die alle ziemlich gleich aussehen und auch alle ähnlich gelegen sind, nämlich „in the middle of nowhere", wie man auf Neuhochdeutsch sagen würde.

Man sieht bei solchen Urlauben nichts von dem jeweiligen Land, und die Menschen, die dort leben – ganz zu schweigen, wie die dort leben – trifft man nur als Service-Personal in der Ferienanlage. Man will sich ja schließlich auch erholen und nicht mit Problemen wie Armut, schlechter Infrastruktur oder Perspektivlosigkeit konfrontiert werden. Probleme hat man reichlich zu Hause und man kann gar nicht oft genug sagen, dass bei uns auch nicht alles das reine Zuckerschlecken ist, was ja manche von den Ureinwohnern in diesen Ferienländern glauben. Von nix kommt nix, das gilt auch für Deutschland, musste alles mit unserer Hände Arbeit oder mit eigenem Gehirnschmalz geschaffen werden. Aber das mal nur so nebenbei.

Also, man fliegt in so eine Ferienanlage, wo man dann praktisch alles umsonst bekommt, vor allem alkoholische Getränke und zwar 24 Stunden am Tag!

Aber der Reihe nach, noch sitzen wir ja im Flugzeug. Dort ist nämlich immer häufiger „not all inclusive". Deswegen wird in diesen Ferienfliegern auch viel weniger Alkohol getrunken als früher, weil damals bei der Fliegerei nicht nur der Sprit für das Flugzeug sondern auch für die Passagiere im Preis enthalten war. Das Mitfliegen ohne Alkoholkonsum kann bei der Ankunft am Ferienziel ein Vorteil, aber auch ein Nachteil sein. Einerseits ist es sicherlich ein Plus, wenn man vor Ort alles glasklar und im Detail aufnimmt, andererseits kann es natürlich durchaus ein Nachteil sein, wenn man in einem, nicht vom Alkohol gedämpften Licht den Realitäten ins Auge schauen muss, was einem ja später in der Ferienanlage erspart bleibt.

Egal, wenn man gelandet ist, verabschiedet man sich noch kurz vom Flugzeug-Sitznachbarn, weil dieser offensichtlich in eine andere Anlage gebracht wird. Eigentlich ganz gut, denkt man im Stillen, weil der Nachbar offensichtlich ein leicht gestörtes Verhältnis zu Deodorants hat.

Das Gepäck ist angekommen, die Agentin des Reiseveranstalters macht durch ein großes Schild auf sich aufmerksam, und der Bus zum Ziel aller Träume steht bereits außen vor dem Flughafen. Jetzt kann eigentlich nichts mehr schief gehen.

Nach einer guten Stunde Fahrt in einem Transportmittel, das nicht ganz aus den Baujahren stammt, wie die meisten Busse in Deutschland, und durch eine Gegend, die irgendwie immer menschenleerer zu werden scheint, hält das Gefährt vor der Ferienanlage, die tatsächlich, wie im Prospekt beschrieben, direkt am Meer liegt.

Die Agentin hat offensichtlich auch an der Rezeption bereits alles geregelt. Man bekommt den Schlüssel für ein Zimmer, das zwar leider keinen Seeblick hat, aber sauber und ordentlich zu sein scheint.

Beim näheren Inspizieren muss man zur Kenntnis nehmen, dass man das Toilettenpapier nicht zusammen mit – na, der geneigte Leser weiß, wovon die Rede ist – abspülen darf, sondern nach der Benutzung in den neben der Toilettenschüssel stehenden papierkorbähnlichen Behälter werfen soll. Ob man sich daran gewöhnen wird? Nur gut dass man in einem Team angereist ist, das seit Jahrzehnten Freud und Leid so gut es geht mit einander teilt. Wie das wohl die Pärchen machen, die sich nur für diesen Urlaub zusammengefunden haben? Na ja, das ist deren Problem.

Vor dem Abendessen nimmt man noch einen Aperitif-macht man zwar sonst nicht, aber wenn er schon im Preis enthalten ist - und startet einen ersten kleinen Rundgang durch die Anlage. Alles macht einen sehr gepflegten Eindruck, die Pool-Landschaft ist beeindruckend groß, gesäumt von Liegen unter kleinen Palmen. Es gibt sogar zwei Pool-Bars, eine außerhalb des Beckens und eine, bei der man im Becken sitzen kann und die Drinks sozusagen auf die Kante gestellt werden. Man gönnt sich ja sonst nichts.

Das Abendessen lässt keine Wünsche offen, wenn man mal davon absieht, dass es wieder einige Figuren gibt, die ein muscle shirt für genau den angemessenen Anzug halten, um den die Hotelleitung die Gäste auf einem Hinweisschild bittet. Wahrscheinlich kämen die Tatoos sonst nicht genügend zur Geltung.

Nach dem Abendessen schaut man mal schnell, ob das Meer noch da ist. Der Strand ist wunderbar, und unter kleinen, afrikanisch anmutenden Schirmen stehen jeweils zwei Liegen, auf denen man es sich mit dem Blick aufs Meer gemütlich machen kann. Ein kleiner Tisch, um ein Buch abzulegen oder einen Drink draufzustellen, gehört auch dazu

Alles erscheint perfekt, so dass einem Espresso und einem Cognac dazu – „all inclusive" – nichts mehr im Wege steht.

In der ersten Nacht schläft man nicht so gut wie im eigenen Bett, aber das kennt man ja. Außerdem ist es im Zimmer etwas zu warm, aber deswegen lohnt es sich nicht, den Aufpreis für die Klimaanlage zu bezahlen, meint man – jedenfalls noch!

Morgens lässt man sich Zeit, schließlich gibt es Frühstücksbuffet bis 10:30 Uhr. Da kann man nicht meckern.

Kurz nach 09:00 Uhr geht man in herrlicher Urlaubsstimmung in Richtung Frühstücksraum. Beim Durchqueren der Pool-Landschaft fällt auf, dass auf den meisten Liegen schon Handtücher deponiert sind, die wohl verdeutlichen sollen, dass diese Lagerstätten sich bereits im Besitz bestimmter, allerdings in den meisten Fällen, unsichtbarer Gäste befinden.

Das macht irgendwie unruhig und trübt in gewisser Weise auch den entspannten Genuss all der Köstlichkeiten, die das Frühstücksbuffet bietet. Nur gut, dass man ja keinen

Urlaub am Pool, sondern am Meer gebucht hat. Deshalb sind einem die Liegen am Pool theoretisch egal.

Trotzdem geht man in einer nicht zu übersehenden Eile zum Zimmer zurück, um die Badesachen zu holen. Bevor es in Richtung Strand geht, muss leider noch dieses bereits beschriebene Toilettenritual absolviert werden. Ob man sich wirklich daran gewöhnen kann?

Im Moment bleibt keine Zeit, darüber länger nachzudenken. Jetzt geht es darum, am Strand noch eine Liege zu ergattern, besser natürlich zwei und zwar unter einem dieser mit Schilf gedeckten Pilze.

Nur grenzenlose Optimisten konnten sich dem Wahn hingeben, dass man um 10:15 Uhr noch eine Liege ergattern könnte. Es sind zwar nur einige wenige konkret von Menschen besetzt, aber auf allen anderen liegen diese Besitz anzeigenden Handtücher oder andere persönliche Gegenstände. Die Urlaubsfreude ist leicht getrübt, zumal ein Gespräch mit dem einheimischen Strandwächter nicht wirklich Ziel führend ist. Entweder sind es die unzureichenden Englischkenntnisse des Wächters oder des Gastes oder dieser Ureinwohner will nicht verstehen, dass das Reservieren von Liegen durch Handtücher oder andere persönliche Utensilien seitens der Hotelleitung ausdrücklich verboten ist. Es gibt viele diesbezügliche Hinweisschilder in der gesamten Anlage, auf denen genau das in verschiedenen Sprachen nachgelesen werden kann.

Im Moment nutzt das allerdings eher wenig. Es bleibt jetzt nur die Alternative, das eigene Handtuch in den Sand zu legen und sich drauf zu setzen. Leider fehlt natürlich auch das Tischchen für die Drinks.

Unverschämtheit, diese Liegen zu blockieren, um sie dann irgendwann im Laufe des Tages zu nutzen. Man sollte diese ganzen Handtücher und anderen Klamotten einfach runternehmen, auf einen Haufen werfen und dann zuschauen, wie sich die Besitzer ihr Eigentum später wieder rausfischen.

Kommen dem geneigten Leser diese Gedanken irgendwie bekannt vor?

Falls ja, dann dürfte es für ihn auch keine Überraschung sein, dass der so genarrte Gast, den Wecker am nächsten Morgen – Urlaub hin oder her –, auf 07:00 Uhr stellt, mit zwei großen Handtüchern unterm Arm in Richtung Strand eilt, um sich dort, na ja, Sie wissen schon, oder..?

RADFAHRER

Ich glaube, ich hatte es schon zugegeben, dass ich aus dem Münsterland komme. Daraus leite ich in diesem Fall eine Grundkompetenz zum Thema „Radfahren" ab. Schließlich ist Münster in Westfalen die einzige Stadt Deutschlands, in der es ein Parkhaus für Fahrräder gibt!

Im Münsterland hat praktisch jeder Mensch, der schon länger als drei Jahre laufen kann, auch ein Fahrrad. Nach oben gibt es, was das Fahrradfahren angeht, keine Altersgrenze. Ob das immer sinnvoll ist, steht allerdings auf einem anderen Blatt...

Aus dieser Tatsache, aus dieser Nähe zum Fortbewegungsmittel Fahrrad, kann auch bei mir durchaus eine grundsätzliche Sympathie und auch Solidarität gegenüber allen Fahrradfahrern unterstellt werden.

Trotzdem sind auch wir Münsterländer in der Lage, uns über Radfahrer aufzuregen. Über die Radfahrer im übertragenen Sinne des Wortes selbstverständlich auch, aber das nur der Vollständigkeit halber!

Früher – der geneigte Leser würde diesen Rückblick in die gute alte Zeit sicherlich vermissen – da hatte man ein einfaches, in der Regel schwarzes Fahrrad mit Rücktrittbremse und im Normalfall ohne Gangschaltung. Damit war die Geschwindigkeit praktisch schon konstruktionsmäßig limitiert. Wir konnten sie höchstens dadurch leicht modifizieren, dass wir ins Hinterrad ein möglichst kleines

Zahnrad einsetzten, was die Übersetzung natürlich erheblich veränderte.

Die Räder der Männer hatten besonders große Sättel, und die Damenräder schmückte am Hinterrad ein farbiges, irgendwie gehäkeltes Netz, damit die Röcke nicht in die Speichen kamen.

Was sich übrigens seit dieser berühmten, na Sie wissen schon...Zeit, nicht geändert hat, ist das Bremsverfahren von Damen im mittleren bis zum hohen Alter. Diese Ladies bremsen das Fahrrad nämlich niemals bis zum vollständigen Stillstand ab, sondern springen bei einer Restgeschwindigkeit von etwa 3-5 km einfach nach vorne in den Rahmen und machen danach immer noch einige, nicht immer völlig kontrollierte Ausfallschritte. Bei diesem Manöver werden sie insgesamt fast so breit wie ein Pkw.

Auch damals hatten die Fahrräder schon eine Beleuchtung und zwar vorn und hinten, die über einen Dynamo betrieben wurde. Ich muss zugeben, dass das Rücklicht allerdings nur selten funktionierte. Viele Räder hatten einen Gesundheitslenker, so dass man auf dem Fahrrad wie auf einem Küchenstuhl oder in einer Kirchenbank saß, was nicht besonders sportlich wirkte. Aber so ein Fahrrad war ja damals auch in erster Linie ein Fortbewegungsmittel und kein Sportgerät.

Wir fuhren auf der rechten Straßenseite, weil Radwege kaum vorhanden waren.

Das und nicht nur das hat sich heute völlig verändert.

So ein Fahrrad, das ist ja bisweilen schon ein echter Wertgegenstand, weil es schnell bis zu 2.000 € und mehr kosten kann, vor allem wenn es besonders leicht und schnell sein soll.

Das alles wäre ja kein Grund, sich aufzuregen, weil es ja nicht mein Geld ist. Mir reicht es schon, dass auch ein Durchschnittsdrahtesel, so eine Fietse, wie so ein Rad im Münsterland auch heißt, heute 500-700 € kostet.

Nein, es geht nicht darum, sich über die Preise der Räder aufzuregen, sondern über diejenigen, die diese Fahrräder im öffentlichen Straßenverkehr bewegen. Da scheint es nämlich immer weniger Regeln zu geben, bzw. werden bestehende Vorschriften in zunehmendem Maße ignoriert.

Ich will in diesem Zusammenhang noch nicht vom Recht des Stärkeren sprechen. „Dat krieje mer später", wie es so schön in der „Feuerzangenbowle" heißt.

Immer mehr Menschen fahren mit großer Selbstverständlichkeit auf dem Bürgersteig und zwar auf der linken, wie auf der rechten Seite. Dass Mütter ihre Kinder auf dem Bürgersteig fahren lassen, ist nicht nur richtig, sondern in Deutschland vom Gesetzgeber sogar ausdrücklich so vorgesehen. Aber warum fahren die Mütter selbst auch auf dem Bürgersteig – und zwar häufig auch noch auf der falschen Seite –, wenn das Kind hinter der Mutter in diesem Spezialsitz hängt und von seinem schweren, klobigen Helm nach links und rechts gebeutelt wird?

Viele Jugendliche rasen in einem Tempo über den Bürgersteig und so knapp an ehrbaren älteren Damen vorbei, dass sie mit geschicktem Einsatz des Lenkers diesen Ömchen leicht die Handtasche entwenden könnten. Es gibt zwar heute auch noch Klingeln am Fahrrad, aber die werden in der Regel nicht benutzt, wahrscheinlich, weil man die Fußgänger nicht unnötig erschrecken will. Und das ist doch irgendwie rücksichtsvoll, oder?

Das gilt natürlich besonders in diesen Fußgängerzonen, die ja früher auch noch nicht erfunden waren. Diese eigentlichen Freiräume für Menschen, die sich auf Füßen und nicht auf Rädern bewegen, die werden besonders von jugendlichen Radfahrern immer wieder aufgelockert, damit bei denen, die per pedes apostulorum – was so viel heißt wie „auf Schusters Rappen" – unterwegs sind, keine Langeweile aufkommt. Diese Slalom fahrenden Radfahrer halten auch die jungen Mütter fit, weil die in solchen Fällen häufig ihre Kleinen, die ihren eigenen Laufstil noch nicht gefunden haben, blitzschnell in Sicherheit bringen müssen.

Und damit bin ich bei diesem vermeintlichen Recht des Stärkeren, das bei vielen Radfahrern zu beobachten ist. Besonders ausgeprägt ist dieses Verhalten bei denjenigen, die den Fahrstil „Hintern hoch und Kopf runter" praktizieren. Die können ja eigentlich nicht sehen, woher und wohin sie fahren, sondern es nur erahnen. Mountainbiker gehören auch oft in diese Kategorie. Das sind ja diese „4 Wheel Driver" auf zwei Rädern; in der Stadt gleichermaßen sinnlos, aber offensichtlich total in und vor allem auch ausgesprochen cool.

Dass diese Fahrer bei der merkwürdigen Körperhaltung nicht richtig sehen können, ist schon schlimm genug, aber noch viel gefährlicher ist es, dass sie dieses mangelnde Sehvermögen durch eine hohe Geschwindigkeit auszugleichen versuchen. Irgendwie scheint das nach der Methode zu funktionieren: Ich kann nirgendwo drauffahren und auch mit niemandem zusammenstoßen, weil ich ja dann schon längst vorbei bin. Tolle Logik, oder?

Also diese Raser, die sind schon eine echte Gefahr für alle und sorgen nicht selten für Aufregung. Es ist deshalb auch unser gutes Recht, dass wir uns darüber aufregen.

Ja, und dann sollten wir – last but not least – auch diejenige Spezies von Radfahrern nicht vergessen, die bunt wie die Papageien auf ihren Zweirädern sitzen oder besser gesagt liegen und sich für Radrennfahrer halten. Die Klamotten sind so eng, dass man bei denjenigen, die sich erst in der Lebensmitte für den Hobby-Radsport entschieden haben, jeden Moment damit rechnen muss, dass sie aus ihrer zweiten Haut platzen. Die Füße stecken in Vorrichtungen, die einem Hundemaulkorb nicht unähnlich sind, und an den Waden der dürren Beinchen hüpfen die Muskeln rauf und runter wie die Tennisbälle; bei den weniger trainierten Exemplaren eher wie Golfbälle.

Doch die beste Kennzeichnung dieser künftigen Teilnehmer der Tour de France sind bei nasser Straße diese dunklen Streifen auf dem Rücken, weil diese Rennmaschinen ja keine Schutzbleche haben. Egal, wie die aussehen und was sich diese Spezies einbildet, ist deren Sache, solange sie andere Verkehrsteilnehmer nicht behindern. Leider ist das in der Regel aber der Fall, weil diese Radler mit dem gepolsterten Hintern der Meinung sind, sie dürften auch dann auf der Straße fahren, wenn es auf beiden Seiten Radwege gibt. Und weil man wichtig ist, fährt man nicht hintereinander, sondern sozusagen in Formation. Dann sind sie wenigstens so breit wie ein Auto, auch wenn sie keinen Motor haben, sondern nur über diesen „beinigen Pedalantrieb" verfügen.

Sie rasen auf der Fahrbahn in ihrer typischen Haltung „Kopf runter – Hintern hoch" und erkennen rote Ampeln bisweilen erst auf dem Kofferraum des Pkw, der dort bereits hält.

Deshalb mein Tipp:

Weil die Knautschzone beim Rennradfahrer, wie bei seinem motorisierten zweirädrigen Kollegen, der eigene Kopf ist, sollte der Gesetzgeber neben dem Helm auch Abstandswarner an Stirn und Schulter dieser bunten Papageien zur Pflicht machen. Dann wäre auch die sowieso nicht benutzte Klingel überflüssig!

HOTLINES

„Hotlines" – was soll das nun wieder bedeuten? Wenn man es wörtlich übersetzt, heißt es ja nichts anderes als „heiße Linien". Aber, ob das stimmt? Könnte sein oder eben auch nicht.

„Hot dog" ist ja schließlich auch kein heißer Hund, sondern eine heiße Wurst und zwar in unseren Breitengraden nicht vom Hund, sondern vom Schwein.

Ein „hot cake" dagegen ist tatsächlich ein „heißer Kuchen", in diesem Fall ein „Pfannekuchen"

Doch der geneigte Leser vermutet nicht zu Unrecht, dass man mit einem geradezu sprachwissenschaftlichen Ansatz bei diesem Thema nicht weiterkommt.

Spätestens seit den 70er Jahren wissen wir, dass derartige englische Begriffe auch eine Bedeutung im übertragenen Sinne haben können. Damals kamen doch diese „hot pants" auf. Erinnern Sie sich? Wenn das „heiße Höschen" im wörtlichen Sinn gewesen wären, dann hätten sich ihre Trägerinnen ja das süße Popöchen verbrannt, was nachweislich nicht der Fall gewesen ist. Allerdings ist es wohl nicht selten vorgekommen, dass dem einen oder anderen Vertreter des s. g. starken Geschlechtes beim Anblick dieses Kleidungsstück heiß geworden ist, auch wenn er es gar nicht angefasst hat. Das hätten sich die Trägerinnen wohl auch verbeten, wenn vielleicht auch nicht in allen Fällen...

Wir können auch ein etwas unverfänglicheres Beispiel für den Gebrauch des Wortes „hot" im übertragenen Sinne nehmen, nämlich den s. g. „hot spot". Zu diesem „heißen Punkt" führt Wikipedia aus: „Hot Spots sind öffentliche drahtlose Internetzugriffspunkte, die hauptsächlich gegen Bezahlung bereitgestellt werden. Sie sind meistens in Hotels, Restaurants, Flughäfen, Bahnhöfen, öffentlichen Plätzen usw. installiert."

In diesem Fall scheint als „hot" auch nicht das Gegenteil von „cold" zu sein.

Ich schlage vor, dass wir daraus den Schluss ziehen, dass „Hotlines" auch nicht das Gegenteil von „ cold lines", also von „kalten Linien" sind.

Nein „Hotlines", das ist etwas ganz anderes, obwohl es einem bei deren Nutzung durchaus heiß werden kann und zwar bis zum Siedepunkt. Doch dürfen „hot lines" nur eingeschränkt mit diesen „190 er- Nummern" verwechselt werden, die ja dafür, ich meine für dieses „Heiß Werden" erfunden wurden oder besser gesagt geschaltet werden. Das ist bei den „hot lines" nicht der Fall, aber so richtig seriös sind diese in vielen Fällen auch nicht.

Doch jetzt erst mal der Reihe nach:

Nach gängiger Definition sind „Hotlines" Telefonnummern, unter denen man rund um die Uhr Hilfe und Auskunft erhalten kann. Eigentlich wäre der Begriff „hot number" zutreffender. Aber wahrscheinlich hat man davon Abstand genommen, weil die Menschen von einer „heißen Nummer" die unterschiedlichsten Vorstellungen haben, ohne da weiter ins Detail zu gehen...!

Also diese Leitungen oder Nummern werden mittlerweile von den unterschiedlichsten Institutionen, Gesellschaften und Firmen geschaltet. Man könnte auch sagen, von all denen, die keine Lust mehr haben, selbst ans Telefon zu gehen.

Soweit die Theorie und jetzt zur Wirklichkeit, die man am besten mit Hilfe von Beispielen erklären kann.

Generell ist vorab erst einmal festzustellen, dass man für die Nutzung der „Hotlines" meistens bezahlen muss, zwar nicht so viel wie beim Anwählen einer 190er-Nummer, aber es können schon leicht zwischen 15 Cent und 1,90 € pro Minute sein. Das hängt nicht zuletzt davon ab, ob man diese „Hotline" vom Festnetz aus anwählt oder von einem Mobil-Telefon, wobei es dabei wieder darauf ankommt, welcher Anbieter das jeweilige Mobilfunknetz betreibt.

Sie merken schon, dass es sich allein beim Anwählen der „Hotline" nicht unbedingt um Verfahren handelt, die auch solchen Menschen geläufig sind, die schon sehr lange auf der Welt sind. Ich meine damit die Generation, die den 2. Weltkrieg nicht nur aus den Geschichtsbüchern, sondern aus eigenem Erleben kennt, wie z.B. Oma Klümper, Jahrgang 1935.

Aber wenn man eine solche „Hotline" angewählt hat, dann gibt es diesen Generationsunterschied nicht mehr. Dann stecken alle im selben Schlamassel, Männlein und Weiblein, egal ob alt oder jung. Das liegt zunächst einmal daran, dass uns am anderen Ende der „Hotline" ja kein menschliches Wesen, sondern lediglich eine vom Computer gesteuerte Stimme eines solchen antwortet.

Das ist Ihnen zu theoretisch, kapieren Sie nicht mehr? Kein Problem, ich komme jetzt zu den Beispielen, die uns das Drama mit den „Hotlines" verdeutlichen und auch aufzeigen werden, dass es dabei unterschiedliche Regisseure gibt, je nachdem, wer die „Hotline" programmiert und geschaltet hat.

Fangen wir am besten mal mit einem Telefonanbieter an, weil die ja geschäftsbedingt immer noch am meisten mit Telefonieren zu tun haben, wenn auch nicht so, wie die gute alte Post.

Also, man hat z.B. eine Frage zu seiner Telefonrechnung und wählt deshalb die dafür vorgesehene „heiße Nummer".

Wenn sich das andere Ende meldet, wird man zunächst gefragt, warum man denn überhaupt anruft und muss diesen Grund in einer Ziffer versteckt angeben. Will man z.B. einen Kundenberater sprechen, sagt man einfach „Zwei", und was dann folgt ist eigentlich der Normalfall und nicht nur typisch für diese Telefonanbieter:

Nach mehrfachem Tuten wird man mit Musik begrüßt, und es wird einem von einer weiblichen Stimme mitgeteilt, dass zurzeit alle Service-Stellen besetzt sind. Man verspricht Ihnen, dass Sie informiert werden, sobald ein Kundenberater frei ist. Mit klassischer Musik werden Sie danach in die Sphären einer Warteschleife weitergeleitet.

In dieser Warteschleife kann man dann seinen Tag verbringen, bei den Telefonanbietern, im Gegensatz zu den meisten anderen „Hotlines" allerdings in der Regel kostenfrei. Aber in diesem Fall ist „kostenfrei" ja auch irgendwie „umsonst", weil man ja nicht angerufen hat, um klassische Musik zu hören. Das könnte man ja mit Hilfe der häuslichen umfangreichen CD-Sammlung oder sogar noch vorhandener Schallplatten viel besser und vor allem auch gemütlicher oder hören Sie klassische Musik am liebsten mit dem Telefon am Ohr? Ich nicht!

Auch mein Blutdruck steigt normalerweise beim Hören klassischer Musik nicht, und ich muss dabei auch keinen Kragenknopf öffnen. Es gibt auch keinerlei Verkrampfungen in der Magengegend und auch keinen beschleunigten Atem.

Nein, beim Hören klassischer Musik bin ich eigentlich völlig entspannt, aber nur dann, wenn sie nicht von jemandem über eine Telefonleitung eingespielt wird, mit dem ich eigentlich sprechen und nicht musizieren wollte.

Dieses Rum- und Durchhängen in der Warteschleife kann dazu führen, dass man irgendwann völlig entnervt den Hörer auf die imaginäre Gabel knallt und den ganzen Vorgang mit einer Schimpfkanonade beendet, von der sich die Herzallerliebste getroffen fühlt, obwohl sie gar nicht gemeint ist. Aber irgendwie muss man sich ja schließlich abreagieren.

Menschen mit stärkeren Nerven beenden diese Sondersendung der klassischen Musik noch durchaus gelassen und machen einen zweiten Versuch. Wenn dieser allerdings zum selben Musikstück führt und ein dritter oder vierter vielleicht auch, dann kommt es selbst bei diesen geduldigen Menschen zu der Reaktion, die ich bereits beschrieben habe.

Wenn man wider Erwarten doch irgendwann zu einem Berater durchgestellt wird, erschrickt man sich erst einmal ein bisschen und weiß manchmal gar nicht mehr so genau, warum man eigentlich angerufen hat.

Diese Peinlichkeit ist in Verbindung mit der nervtötenden Warteschleife der Grund dafür, dass ein emotionsloses Gespräch eigentlich schon gar nicht mehr möglich ist. Das führt dann dazu, dass es nicht sofort gelingt, das eigene Anliegen so klar zu formulieren, dass man von diesem Berater überhaupt verstanden wird.

Bestenfalls klappt es nach einiger Zeit, das Problem tatsächlich zu lösen. Häufiger wird man allerdings auf die örtliche Niederlassung des Telefonanbieters verwiesen, wo man das Problem im direkten Kundengespräch noch einmal behandeln soll.

Eine weitere Alternative besteht darin, dass man zur Kenntnis nehmen muss, dass es sich bei dem dargestellten Problem um einen eher technischen Vorgang handelt und, um einen solchen zu besprechen, hätte man ganz zu Anfang des Dramas, also vor dem Abgleiten in die Sphären der Warteschleife nicht „Zwei", sondern „Drei" sagen müssen.

So besteht das Problem zwar immer noch, aber wenigstens hat der untaugliche Versuch, es zu beheben, nichts gekostet, wenn man von der verlorenen Zeit und den Nerven einmal absieht.

Und das ist in der heutigen Zeit schon was, oder finden Sie etwa nicht?

Die ganze Problematik potenziert sich, wenn die Nummer dieser „Hotline" gar nicht bekannt ist.

Man hat z.B. irgendwo eins von diesen scheinbaren Schnäppchen im Internet bestellt, und dann funktioniert dieses Teil nicht. Man hat zwar eine dreijährige Garantie, weiß aber nicht, wie man diese überhaupt einfordern kann, weil einem der Weg ins ganz normale Geschäft in der Innenstadt ja wegen des Kaufs im Internet gar nicht möglich ist.

Man muss also auf eine dieser berühmten Websites gehen, auf der sich ja mittlerweile alle Firmen präsentieren. Hat man diese endlich gegooglet, wie man heute so schön sagt, fängt die Suche nach der „Hotline" an. Ist man nach mehrfachen Fehlversuchen endlich fündig geworden, beginnt das bereits beschriebene Drama. Allerdings ist es in diesem Fall nicht umsonst, sondern es hat seinen Preis. Wie hoch der ist, das steht meistens irgendwo unten auf der Seite, falls man das Sternchen (*) gefunden hat, das auf eben diese Information hinweist.

Und wenn man dann in so einer Warteschleife hängt, kommen die dargestellten Symptome wie Herzrasen, Erhöhung des Blutdrucks bis hin zur Schnappatmung und sogar Schreikrämpfen wesentlich schneller und auch intensiver. Das kann in der Folge bis zur Zerstörung des Computers oder Telefons oder von beidem führen, vor allem dann, wenn der Anruf nicht kostenlos, aber dafür umsonst, im Sinne von vergeblich war.

Neben diesen offiziellen „Hotlines" gibt es auch solche, die ich mal als „verkappte Hotlines" bezeichnen möchte. Das sind solche, die sich hinter einer ganz normalen Nummer, die man im Telefonbuch findet, praktisch verstecken.

Auch dafür ein Beispiel, das bei dem geneigten Leser sofort zu einem „Aha-Erlebnis" führen wird.

Es ist einer dieser üsseligen Tage, an denen es niemals richtig hell wird. Man wacht mit einem Kratzen im Hals auf, fühlt sich insgesamt irgendwie ein bisschen matschig und beschließt deshalb, vor der Arbeit zum Arzt zu gehen, um sich ein paar Mittelchen verschreiben zu lassen, die einem wieder auf die Beine helfen sollen. Die Nummer des Hausarztes ist schnell herausgesucht und eingetippt. Das Tuten ist zunächst noch ganz normal, aber nur bis zum 3. Mal. Dann ertönt eine freundliche Stimme: „Hier ist die Gemeinschaftspraxis von Dr. Stöpping und Dr. Hasenberg. Zurzeit sind unsere Telefonleitungen leider besetzt, doch wir werden gleich für Sie da sein."

Im Hintergrund erklingt gedämpfte, der Gesundung sicherlich förderliche Musik und eine nette weibliche Stimme beginnt Fragen zu stellen und Tipps zu geben, die gleichermaßen die Verlängerung unseres Lebens wie die Sicherung des ärztlichen Einkommens zum Ziel haben.

Völlig unvorbereitet und noch ohne Frühstück wird man mit bedeutungsvollen Themen konfrontiert, wie:

„ Haben Sie ihren Termin für die Krebsvorsorge schon vereinbart? Denken sie an das regelmäßige Screening ihrer Haut. Vergessen Sie nicht, einmal jährlich Blut und Urin untersuchen zu lassen, um Diabetes rechtzeitig zu erkennen. Denken Sie daran: Darmspiegelung kann Leben retten."

Und während Sie sich noch etwas verschreckt die Frage stellen, ob Ihre Gesundheitsvorsorge altersentsprechend ist, fragt eine nette Stimme freundlich: „Ich bin Susanne Mühlen, was kann ich für Sie tun?"

Da muss man sich erst mal richtig zusammenreißen, weil man sich vor dem Hintergrund der angesprochenen wichtigen Themen irgendwie schämt zu sagen, man habe wohl die Grippe in den Knochen und möchte möglichst umgehend einen Termin bei Dr. Stöpping haben. Wer weiß, ob der sich mit solchen Banalitäten überhaupt noch beschäftigt...?

Eine ganz besondere Form dieser „Hotline" ist die s.g. „ticket hot line". Früher, ja in dieser guten alten Zeit, die jeder, der schon länger auf der Welt ist, ganz für sich definiert und von der die Jungen nichts mehr hören wollen, in eben dieser Zeit, da kaufte man sich ein Ticket ausschließlich an der Kasse des Hauses, in dem die Veranstaltung stattfinden sollte oder alternativ an den bekannten Vorverkaufsstellen. Beide Optionen zeichneten sich dadurch aus, dass sich nicht nur vor, sondern auch hinter der Kasse ein Mensch befand. Mit diesem konnte man sich ganz normal in der eigenen Muttersprache unterhalten. Er hatte einen Saalplan, auf dem man alle Sitze sehen konnte, und dieser nette Mensch konnte einem sogar noch erzählen, wo sich jeweils die besten Plätze befanden. Man wurde also be- und nicht verraten und konnte sich uneingeschränkt auf das gewählte Vergnügen freuen.

Ganz anders an so einer „ ticket hot line", die natürlich über die bereits mehrfach beschriebene Warteschleife verfügt. Neben all den, dem geneigten Leser bereits bekannten

Emotionen. kommen jetzt noch dieser Druck, diese Angst und Sorge dazu, dass vielleicht in der Zeit, die man selbst in der Warteschlange verbringt, die letzten, zumindest aber die besten Karten verkauft werden. Das Risiko, kurzfristig wahnsinnig zu werden, sollte in diesem Zusammenhang nicht unterschätzt werden.

Gelingt es dann endlich, eine Verbindung mit dem Betreiber der „ticket hot line" herzustellen, kann man nicht einfach sagen, dass man für dieses oder jenes kulturelle Ereignis zwei Karten haben möchte, sondern muss sich erst einmal durch dieses Computer gestützte „Ja/Nein – Frage- und Antwort-Spiel" quälen, weil so ein Rechner ja nur die Null oder die Eins kennt oder eben „Ja" oder „Nein".

Und dann hat man endlich einen Menschen aus Fleisch und Blut auch am anderen Ende der Leitung. Wenn man Glück hat, ist dieser Mensch ausgesprochen nett, und wenn man noch mehr Glück hat, kennt er sich sogar aus. Er sagt uns, wie wir auf unserem Computer zunächst auf die Website des Veranstalters, dann auf die Seite mit dem Spielplan und schließlich auf den Saalplan kommen und hat zudem noch Verständnis, wenn wir es erst im dritten Anlauf schaffen.

– Was diese Fehlversuch für andere Menschen, die sich zeitgleich in der Warteschleife befinden, bedeuten, ist uns in diesem Augenblick übrigens völlig egal! –

Wir sind glücklich, dass wir es mit Hilfe dieses netten Menschen am anderen Ende der „Hotline" virtuell bis in den Saal geschafft haben. Wir sehen uns praktisch schon dort sitzen und die Vorstellung genießen, und ein bisschen stolz sind wir auch, dass wir mit dem Telefon und dem Computer bis dorthin gelangt sind. Wir sind eben einfach pfiffig.

Doch dann müssen wir zur Kenntnis nehmen, dass es im Saalplan Sitze in grünen und roten Farben gibt, und es fällt dabei auch dem ungeschulten Auge auf, dass es mehr rote als grüne gibt. Das allein wäre ja nicht so schlimm, aber es ist von Übel, dass es bei den grünen Sitzen keine zwei Plätze mehr nebeneinander gibt.

Aber möchten Sie, dass Ihre Herzallerliebste bei einem gemeinsamen Theaterbesuch in Reihe 5 sitzt und Sie selbst in Reihe 2 auf der Empore...?

SPRITPREISE

"Spritpreise", eigentlich reicht ja das Wort allein schon aus, dass sich jeder deutsche Autofahrer schlagartig aufregt. Deshalb könnten wir diese kleine Geschichte einmalig kurz fassen, quasi als „Ein-Wort-Geschichte". Die könnte man sogar als Patent anmelden, weil es so etwas bislang noch nie gegeben hat. Damit könnten wir, Sie als Leser und auch ich als Autor, sozusagen selbst Geschichte schreiben und natürlich auch in diese eingehen. Auf der Frankfurter Buchmesse wären wir eine Sensation!

Aber das reicht uns natürlich nicht, weil wir uns ja aufregen wollen. Dafür muss man sich die Details vor Augen führen und sich über jede Einzelheit gesondert aufregen, damit die Summe dieser Ärgernisse so einen richtigen Gesamtärger ergibt, der dann wieder bei uns allen zu einer Solidarität im „Sich-Aufregen" führt. Und das ist ja Sinn und Zweck dieses kleinen Büchleins, falls das dem geneigten Leser in dieser Deutlichkeit nicht mehr präsent sein sollte. Wir wollen uns aufregen, und das machen wir jetzt auch.

Ein besonders pfiffiger Einstieg ist ja immer wieder die Erinnerung an die gute alte Zeit, von der niemand so genau weiß, wann und wo es die eigentlich gegeben hat.

Also, in der Zeit, die ich meine, da war das dominierende Fahrzeug auf deutschen Straßen der VW-Käfer. Die Dinosaurier unter uns werden sich noch erinnern, und die Jüngeren haben vielleicht mal eine Klassenfahrt nach Bonn gemacht und den Käfer im Haus der Geschichte gesehen.

In dieser Zeit kostete jedenfalls der Liter Normalbenzin an einer „Freien Tankstelle" 41 Pfennig. Das sind ungefähr 20 Cent. Für den heutigen Liter-Preis hätte man damals also etwa 6,5 Liter Benzin bekommen. Dabei unterschieden sich die Preise der verschiedenen Tankstellenketten bisweilen erheblich. Die „Freien" waren natürlich die billigsten, aber auch bei Esso, Aral, Shell, BP, Gasolin, DEA, Avis oder Westfalen waren die Spritpreise nicht identisch. Klingt fast wie Marktwirtschaft, oder? Aber das Erstaunlichste war, dass die Benzinpreise sich über lange Zeiträume überhaupt nicht veränderten. Da ich kein Experte bin, weiß ich natürlich nicht im Detail, warum. Ich bin allerdings sicher, dass es dafür, wie immer im Leben, viele Gründe gegeben hat, und einen davon, den kenne ich sogar:

An jeder Tankstelle gab es schon damals so hohe Anzeigentafeln, auf denen man bereits aus großer Entfernung die Preise für Normalbenzin, Super und Diesel ablesen konnte. Allerdings gab es einen großen Unterschied gegenüber den heutigen Anzeigentürmen. Man konnte nämlich die darauf angegeben Preise nicht elektronisch ändern, sondern musste dafür auf eine hohe Leiter steigen und dann von Hand die jeweiligen Ziffern austauschen. Das war nicht nur eine ziemlich aufwendige Prozedur, sondern bei Regen und Schneetreiben ausgesprochen unangenehm und bei starkem Wind auch nicht ungefährlich. Kurzum: Es war eine Arbeit, die von keinem Tankstellenpächter geschätzt wurde, zumal sich eventuelle Preiserhöhungen auch nicht in seinem eigenen Geldbeutel bemerkbar machten. Das wiederum war offensichtlich schon damals so wie heute, womit wir wieder in der Gegenwart und beim systematischen Aufbau unseres Ärgers angekommen wären!

Heute, da ändern sich die Preise an den Tankstellen bisweilen nicht nur einmal, sondern mehrfach pro Tag und zwar nach einem System, von dem man annehmen muss, dass es gar keins ist. Lediglich das Ziel ist klar, nämlich uns Autofahrern möglichst viel Geld aus der Tasche zu ziehen. Wer dieses zusätzliche Geld bekommt, ist zumindest nicht offensichtlich, und es ist auch nicht klar, wer denn das Signal sendet, um die Preise zu verändern. Wir wissen nur, dass es immer keiner gewesen sein will, die Tankstellenpächter nicht, die Ölmultis nicht und Vater Staat schon gar nicht!

In diesem Zusammenhang stellt sich mir übrigens die Frage, warum wir immer von Vater und nicht von Mutter Staat sprechen. Hängt das damit zusammen, dass der Begriff „Staat" maskulin ist oder könnte es auch sein, dass wir früher, also auch in der guten alten Zeit, immer einen Kanzler und keine Kanzlerin hatten? Wenn das so wäre, könnten oder müssten wir doch eigentlich heute von Mutter Staat sprechen. Aber das ist ein anderes Thema und außerdem für diese Spritpreissprünge nicht relevant.

Für uns Autofahrer ist eigentlich nur von Bedeutung, dass es diese Preissprünge gibt und zwar manchmal an einem Tag von bis zu 8 Cent und wie wir es schaffen können, immer dann zu tanken, wenn der Sprit gerade mal relativ günstig ist.

Die Möglichkeit, regionale Vorteile zu nutzen, hat man nur sehr bedingt, weil es sich ja nicht wirklich lohnt, von unserem Wohnort 40 km in die Nachbarstadt zu fahren, nur weil das Benzin oder der Diesel dort 2 Cent günstiger sind. Das leuchtet ja sogar eher schlichten Gemütern ein.

Apropos Benzin, da könnten wir uns eigentlich zwischendrin mal kurz gesondert drüber aufregen. Früher, und damit meine ich jetzt ausnahmsweise nicht diese ominöse und viel gepriesenen gute alte Zeit, früher, da gab es doch Super- und Normalbenzin. Super war immer deutlich teurer, und deswegen freute man sich, wenn das eigene Fahrzeug mit Normalbenzin zufrieden war. Auf einmal, ohne erkennbaren Grund, wurde Normal immer etwas teurer bis es dasselbe kostete wie Super, und dann wurde es abgeschafft. Da muss doch auch einer dran gedreht haben, oder?

Bei diesem Bio-Diesel war es ganz ähnlich. Zunächst kostete er deutlich weniger als der herkömmliche Diesel. Es lief eine groß angelegte Kampagne an, Fahrzeuge, vor allem Lkw, auf Bio-Diesel umzurüsten, verbunden mit der staatlichen Zusage, dass dieser steuerlich immer günstiger sein werde. Und als dann genug Leichtgläubige ihre Autos umgerüstet hatten, stieg der Preis für Bio-Diesel annähernd bis auf das Niveau des herkömmlichen Diesel. Und das war, wie man im Münsterland so sagt, auch wieder keiner in Schuld.

So langsam kommt unser Blut in Wallung, oder? Wir beginnen uns aufzuregen, und das mit Recht. Deshalb zurück zu den Spritpreissprüngen. Wir hatten festgestellt, dass sich eine Fahrt in die Nachbarstadt, nur um dort zu tanken, nicht lohnt. Was sich ebenfalls nicht rentiert, ist das Verfolgen der Preisentwicklung beim Rohöl. Diese scheint nämlich mit den Veränderungen an den Tanksäulen nichts zu tun zu haben, wohl aber z. B. eine Zeitungsmeldung, dass es im Irak einen Anschlag auf eine Ölpipeline gegeben hat. So etwas wirkt sich nämlich unmittelbar auf die Preise an unserer Tankstelle um die Ecke aus. Könnte es sein, dass diese Pipeline im Nordirak gar nicht, wie man bislang geglaubt hat, im türkischen Mittelmeerhafen Ceyan endet, sondern an unserer Tankstelle um die Ecke, und dass diese offensichtlich auch als Raffinerie fungiert? Wäre doch zumindest eine Erklärung, wenn auch vielleicht nicht total überzeugend, wie ich zugeben muss.

Eine dritte Möglichkeit, günstiger zu tanken, wäre theoretisch der Preisvergleich aller Tankstellen am jeweiligen Wohnort. Wer diesen Versuch unternommen hat, wird sehr schnell festgestellt haben, dass dieser Ansatz ebenfalls nicht zielführend ist, weil die Preise überall gleich sind und sich auch immer zur selben Zeit ändern. Der einzige Unterschied besteht darin, dass es nicht immer dieselbe Tankstelle ist, die als erste den Preis erhöht, sondern dass sich die Reihenfolge ändert. Das scheint für das Kartellamt bis zum heutigen Tage ausreichend zu sein, nicht von einer Preisabsprache auszugehen, auch wenn Otto Normalverbraucher das in Nuancen vielleicht anders sieht!

Wenn das also alles nicht funktioniert, um möglichst preisgünstig zu tanken, gibt es nur noch die Möglichkeit, die Spritpreissprünge am eigenen Wohnort persönlich und ständig mit Argusaugen zu verfolgen um herauszufinden, ob vielleicht doch ein System dahinter steckt.

Sehr schnell wird klar, dass es vor Wochenenden, Feiertagen und vor allem vor den Schulferien immer zu erheblichen Preiserhöhungen kommt, weil es zu solchen Zeiten offenbar immer besonders viele Anschläge auf Pipelines gibt oder Tanker vor der somalischen Küste gekapert werden.

Also zu solchen Zeiten tanken wir nicht. Es reicht aber nicht aus, wie der geneigte Leser sicherlich zustimmt, zu wissen, wann man nicht tankt, sondern man muss ein Händchen dafür haben, sozusagen eine Intuition, wann man diesen Hohlraum im Fahrzeug pfiffigerweise auffüllt. Und da hat jeder so seine eigene Theorie. Die einen sagen, montags wäre der beste Zeitpunkt, andere meinen, schon der Sonntagabend wäre nicht schlecht, während wieder andere davon überzeugt sind, man müsse donnerstags zuschlagen.

Der Möglichkeit von „Trial and Error" sind da keine Grenzen gesetzt. Manche meinen auch, es hinge von der Tageszeit ab. Da schwanken die Experten zwischen sehr früh morgens oder kurz vor Mitternacht.

Es mag ein erhebendes Gefühl sein, morgens um 05:30 Uhr an der Tankstelle, die rund um die Uhr geöffnet ist, zehn Cent zu sparen, aber da dreh ich mich lieber noch mal in meinem warmen Bett um. Bei der anderen Option, nämlich z.B. abends um 22:00 Uhr noch schnell zur Tanke zu fahren, darf das Risiko nicht unterschätzt werden, dass man zwar wirklich 25 Cent am Sprit gespart hat, aber der

Versuchung nicht widerstehen konnte, noch eine Tüte Stu-
dentenfutter mitzunehmen. Die war dann 70 Cent teurer als
im Supermarkt, wie uns die Herzallerliebste nach unserer
triumphalen Rückkehr in das häusliche Fernsehzimmer mit
einem ganz besonderen Lächeln erklärt.

Macht unter dem Strich ein Minus von 45 Cent!

SCHLANGE STEHEN

Allein schon diese Redewendung klingt irgendwie unangenehm, finden Sie nicht auch?

Also ich verbinde mit dem Begriff „Schlange" schon eher etwas Ekeliges, Glitschiges. So ein Tier ist mir auch nicht ganz geheuer, weil man auf den ersten Blick gar nicht erkennen kann, wo vorne und hinten ist. Riesenschlange, wie sich das schon anhört oder auch Klapperschlange. Besonders übel ist auch das Wort Autoschlange, die sich übrigens von einer echten Schlange dadurch unterscheidet, dass bei ihr das „A...loch" nicht hinten, sondern vorne ist! Aber dazu ist ja an anderer Stelle dieses Büchleins mehr zu lesen.

Das einzige Wort, das mir in Verbindung mit Schlange gut gefällt, ist die Luftschlange. Die ist zwar auch geringelt, aber bunt, nur bei fröhlichen Anlässen in Aktion und aus Papier.

Wenn man also von „Schlange Stehen" spricht, hat man eigentlich zwei Worte, die einem nicht so gut gefallen. Das mit der Schlange habe ich ja schon versucht zu erklären, aber auch stehen ist ja nicht so schön wie sitzen oder liegen, finde ich jedenfalls.

Damit aber genug der Vorrede. Ich für meine Person stehe nicht gern Schlange und versuche es deshalb auch möglichst zu vermeiden. Aber, wer schafft das schon?

Die Generation, die in der Nachkriegszeit dieses Schlange stehen üben musste, tut sich damit leichter und natürlich auch die Menschen aus Ostdeutschland, die konnten oder besser gesagt mussten das ja auch Jahrzehnte lang trainieren.

Dabei ist Schlange Stehen und Schlange Stehen gefühlsmäßig nicht dasselbe. Es kommt nämlich total darauf an, ob man freiwillig in der Schlange steht oder dazu gezwungen wird.

Wenn man z. B. in Köln im „Unkelbach" – das ist so eine absolute „Weiberfastnacht –In-Kneipe" – Karneval feiern will, dann ist das morgendliche Schlange Stehen praktisch der erste Programmpunkt. Man muss an diesem besagten Donnerstagmorgen spätestens um 08:30 Uhr vor Ort sein, um die Gewissheit zu haben, dass man um 10:00 Uhr reinkommt. Aber da steht man dann mit lauter Jecken, die ersten Prosecco Flaschen werden geköpft, man schunkelt sich ein bisschen warm, kurzum: Es lässt sich also aushalten. In diesem Fall handelt es sich im gewissen Sinne um eine nicht wirklich wahrgenommene oder besser gesagt um eine unbewusste Schlange. Damit hat niemand ein Problem, auch ich nicht!

Ganz anders ist es aber, wenn man, wie an einer anderen Stelle dieses Büchleins beschrieben wird, wegen eines Sonderangebots morgens um 07:30 Uhr vor dem Aldi steht und gar nicht weiß, ob man überhaupt eines dieser Schnäppchen erwischen wird, weil die Anzahl immer ziemlich begrenzt ist.

Am schlimmsten aber ist es, finde ich jedenfalls, wenn es sich nicht um eine einzige Schlange handelt, sondern man sich zwischen mehreren entscheiden muss.

Das fängt ja an den Kassen im Supermarkt schon an. Man hat seinen Einkaufswagen mit vielerlei Schätzen gefüllt und muss nur noch bezahlen. Auf dem Weg dahin kann ja schon der Gang entscheidend sein, auf dem man sich dieser Barriere aus bis zu 15 Kassen nähert.

Es kann nämlich passieren, dass man den Wagen genau in Richtung der Kasse geschoben hat, vor der die Schlange am längsten ist, sieht dann, dass z.B. drei Kassen weiter rechts nicht viel los ist, wird aber durch die Schlange neben einem daran gehindert, diese Kasse zu erreichen.

Notgedrungen bleibt man also stehen und stellt dabei fest, dass die Kunden in der Nachbarschlange alle viel weniger im Wagen haben und deswegen bestimmt schneller abkassiert werden, als die Frau vor einem. Was die aber auch alles im Wagen hat? Wie kann man nur diese Tomaten kaufen, von denen jeder weiß, dass sie schon am nächsten Tag matschig sind und diese eingefrorenen Brötchen, da gibt es doch weiß Gott bessere Sorten. Und während man sich mit dem Inhalt des Wagens der Vorderfrau – Männer sind da eher die Ausnahme – beschäftigt und fasziniert beobachtet, wie dieser sich langsam leert, kriegt man gar nicht mit, wie die Kassiererin die Besitzerin dieses Einkaufswagen bittet, ein kleines Schild auf das Band zu stellen. Darauf ist zu lesen: „Letzter Kunde".

Kennen Sie dieses Gefühl einer Mischung aus Frust, Ohnmacht und Wut auch, das einen in einem solchen Moment brutal überkommt? Man könnte die Kassiererin würgen, aber die ist in der Zwischenzeit bereits in die wohlverdiente Mittagspause gegangen.

Besonders nervtötend sind auch die Schlangen an der Post. Das fängt ja in der Regel damit an, dass von vier Schaltern höchstens zwei besetzt sind. In der Weihnachtszeit kommt das besonders gut an. Da steht man dann, umgeben von Leidensgenossinnen und Leidensgenossen und fragt sich, warum es überhaupt vier Schalter gibt, wenn sowieso meistens die Hälfte nicht besetzt ist.

Und dann diese umständlichen Verfahren, wenn z.B. eine Postanweisung ausgefüllt werden muss. Am schlimmsten ist es, wenn jemand eine größere Summe einzahlen oder abheben will, diese damit einhergehenden Rituale – der Begriff „Vorschriften" würde der Dramaturgie des Gesamtvorgangs nur bedingt gerecht – müssen noch aus der Kaiserzeit stammen. Und wenn man dann mit einem Blick zur Seite sieht, dass sich in der Nachbarschlange offensichtlich nur die einfachen Fälle befinden, ich meine z. B. solche Zeitgenossen, die nur 20 Briefmarken kaufen wollen, in der eigenen Reihe aber ausführliche Beratungsgespräche geführt werden, dann fühlt man richtig, wie sich die Nerven anspannen und die Haare sich zu sträuben beginnen, wenn Mann denn noch welche hat.

Aber auch die Schlangen an der Post sind nichts im Vergleich mit den Schlangen am Flughafen, wenn man sich in Begleitung seiner Herzallerliebsten darauf freut, in die Sonne zu fliegen. Man kommt ja schon nicht völlig entspannt am Flughafen an, weil die Pufferzeiten vor dem

Abflug immer länger werden. Drei Stunden scheinen mehr und mehr die Regel zu werden, und man kann wohl nicht mehr völlig ausschließen, dass man bald am Tage vorher anreisen muss. Dann gibt es diesen „Vorabend-Check In" nicht mehr nur fürs Gepäcks, sondern auch für die Fluggäste, allerdings mit dem kleinen Unterschied, dass die Koffer bis zum Abflug in irgendeinem Gepäckaufbewahrungsraum rumstehen, während man selbst die Nacht auf einem dieser total bequemen Flughafensitzgelegenheiten verbringen wird, falls es überhaupt genügend davon gibt.

Aber noch sind wir ja nicht so weit, jetzt geht es erst mal um die Schlangen am „Check In". Wenn man durch diese labyrinthartigen von Trassenbändern gesäumten Schneisen zu den Schaltern geführt wird, gibt es eigentlich kein Problem, weil die Fluggäste ja am Ende dieser Gänge systematisch auf die einzelnen Schalter verteilt werden. Nein, ein Problem entsteht dann, wenn es zwei oder sogar drei Schalter gibt, an denen man das Gepäck und sich selbst einchecken kann. Dann hat man nämlich eine Schlangenauswahl, ähnlich wie an den bereits beschriebenen Kassen in den Supermärkten, nur statt Einkaufswagen mit Trolly fürs Gepäck.

Und geht es Ihnen auch so wie mir? Ich stehe am Flughafen – und nicht nur dort – eigentlich immer in der Schlange, in der es am langsamsten vorangeht; jedenfalls kommt es mir so vor. In meiner Schlange wird entweder gerade eine neue Kraft am Schalter eingearbeitet, die für zwei Passagiere ebenso viel Zeit benötigt wie ihre Kollegin am

Nachbarschalter für 10 oder es gibt Passagiere mit äußerst komplizierten Flugunterlagen. Das sind diese Menschen, die hinten aus der Hosentasche so ein gefaltetes Bündel an Tickets rausziehen und sich scheinbar gar nicht sicher sind, ob auch das richtige für den Flug, zu dem sie gerade einchecken wollen, überhaupt dabei ist. Sie legen dieses Päckchen auf den kleinen Tresen vor dem Computer und beginnen dann mit dem gestressten Personal am Counter herauszufieseln, ob sie mit den präsentierten Flugunterlagen in den entsprechenden Flieger einsteigen dürfen. Und dieser Vorgang kann so lange dauern, dass sich in der Zwischenzeit drei bis vier Passagiere aus der Nebenreihe zufrieden mit ihren Bordkarten in Richtung Sicherheits-Check auf den Weg machen.

Immer gern beobachtet werden auch diejenigen Mitpassagiere, die offenbar zum ersten Mal in ihrem Leben fliegen. Die brauchen nicht nur ausgiebigen Zuspruch, um ihre Flugangst zu überwinden oder wenigstens zu verringern, sondern wollen natürlich auch eine kompetente Beratung, welche Plätze im Flugzeug denn die sichersten sind, ob vorn in der Maschine oder besser hinten, am Gang oder am Fenster. Man glaubt ja nicht, wie viele unterschiedliche Optionen dem unerfahrenen, verunsicherten und auch ein bisschen hilflosen Passagier vom geduldigen Personal am „Check-In-Schalter" angeboten werden können.

So langsam wird man natürlich auch unruhig, ob man für seine Herzallerliebste und sich selbst überhaupt noch zwei Sitzplätze nebeneinander bekommt. Diese Sorge kann dazu führen, dass man sich auf beide Schlangen verteilt, so nach dem Motto: Wer als erster am Schalter ist, checkt für beide ein. Eine solche Maßnahme kann sich zum echten Nervenkitzel entwickeln, vor allem dann, wenn sich die unvorhergesehenen Ereignisse in der einen Schlange derartig häufen, dass die Verbindung zum Partner nur noch in einer Lautstärke aufrecht erhalten werden kann, die alle Mitpassagiere, und zwar in beiden Reihen, am Gesprächsinhalt beteiligt.

Schuld an diesen Staus sind auch Leute, die Probleme mit der deutschen Sprache haben und dazu noch kein Wort Englisch verstehen. Bis die ihre Bordkarten haben, könnte man selbst schon durch die Sicherheitsschleuse sein. Ja, und dann gibt es natürlich auch noch potenzielle Passagiere mit Übergepäck. Die versuchen zunächst einmal zu verhandeln, ob 5 kg über der Gewichtsgrenze nicht noch akzeptiert werden können, vor allem, wenn man selbst einen optimalen BMI hat; für Nichtfachleute: Body Mass Index.

Das bringt mich übrigens auf ein grundsätzliches Thema: Warum gibt es eigentlich beim Fliegen nicht eine gemeinsame Gewichtsgrenze für den Passagier und sein Gepäck? Dann könnten dünne Leute mehr Gepäck mitführen und die Dicken eben weniger. Für das Startgewicht des Fliegers ist es doch total unwichtig, ob sich die zulässige Tonnenzahl mehr aus Menschen oder aus deren Gepäck zusammensetzt. Aber das ist ja ein eher grundsätzliches Thema.

Jetzt geht es erst mal um die Schlangen am „Check-In".

Also, die mit dem Übergepäck sind auch so typische Stau-verursacher, genau wie die, die mit extrem sperrigem Ge-päck am Schalter auftauchen, um sich dort dann in aller Ruhe erklären zu lassen, dass derartige Gegenstände nur an einem speziellen Schalter und gegen Zahlung einer beson-deren Gebühr aufgegeben werden können.

Und während man sich noch fragt, was die Leute da eigentlich alles in ein anderes Land transportieren wollen und warum sie diese Dinge nicht nach der Ankunft vor Ort kaufen können, hat man gar nicht mitgekriegt, dass die Herzallerliebste bereits vorn am „Check In-Schalter" steht, während sich die Tickets noch wohlverwahrt in der eige-nen Jackeninnentasche befinden.

Ein etwas genervtes: „Liebling, ich brauch die Tickets und Deinen Personalausweis", schenkt einem die ungeteil-te Aufmerksamkeit aller Schlangensteher und führt darü-ber hinaus auch noch zu einer gesunden Gesichtsfarbe, die der einer Tomate nicht ganz unähnlich ist...

HUNDE ANDERER LEUTE

Haben Sie einen Hund? Ich nicht. Mögen Sie Hunde? Ich nicht besonders. Ist aber auch nicht wichtig, weil es in dieser Geschichte nicht um Ihren Hund geht, sondern um die von anderen Leuten, die man gelegentlich auch gar nicht als Hunde, sondern als Köter bezeichnet. Und dafür gibt es gute Gründe.

Vielleicht hat der geneigte Leser ja bereits eine Ahnung, worum es in dieser Geschichte geht, nämlich gar nicht um die Hunde selbst, sondern eher um das, was sie produzieren, wenn sie nur auf drei Beinen stehen und natürlich auch um das, was hinten rauskommt, wenn sie eine gewisse Hockstellung einnehmen.

Wer damit überhaupt keine Probleme hat und sich über Hunde anderer Leute gar nicht aufregt, kann diese Geschichte überschlagen, weil sie ihn sozusagen gar nichts angeht.

Das Problem sind übrigens ja gar nicht die Hunde, sondern die Menschen, die sich die Vierbeiner anschaffen, ohne sie artgerecht halten zu können. So ein Hund, der zu Hause überhaupt keine Möglichkeiten hat zu rennen und zu toben, ist im eigentlichen Sinne des Wortes ein armer Hund.

Dem Hund ist auch nicht vorzuwerfen, dass er eine ausgeprägte Verdauung hat und auch sein Entwässerungsapparat ganz besonders ausgeprägt ist, ja, er selbigen instinktiv sozusagen auch ganz gezielt einsetzt.

Nein, nein, die Hunde sind ganz normale Tiere, ob aber ihre Besitzer auch immer völlig normale Menschen sind, das kann bei einigen durchaus in Frage gestellt werden. Oder finden Sie es normal, dass es Menschen gibt, die ihre Hunde mit großer Selbstverständlichkeit in die Vorgärten anderer Leute kacken lassen, um die Dinge mal auf den Punkt zu bringen?

Aber ich will hier nicht vorgreifen, sondern versuchen, die Gesamtproblematik etwas systematischer darzustellen.

Also, so ein Hund, der muss ein paar Mal pro Tag raus, nicht so sehr, um sich seine vier Beine zu vertreten, sondern um eins davon an den verschiedensten Stellen hochzuheben. Das Rausgehen nennen Fachleute auch „Gassi gehen". Im englischsprachigen Raum läuft das unter der Bezeichnung „walk the dog". Wenn sich also z.B. in England ein Gentleman entscheidet, den Hund gemeinsam mit seiner Frau Gassi zu führen, sagt er: „Darling, let's walk the dog". Er würde niemals sagen: "Darling, let's shit or piss the dog", obwohl es ja genau darum geht. Man muss die Dinge mal beim Namen nennen, was wir in Deutschland in diesem Zusammenhang allerdings auch nicht machen oder haben Sie schon mal gehört, dass ein Hundehalter auf Neuhochdeutsch zu seiner Frau gesagt hat: „Liebling, let's kack/piss the dog." Nein, das sagt in Deutschland auch niemand, aber alle Hundehalter machen es, einige sogar quasi vorschriftsmäßig. Damit meine ich, dass sie ihren geliebten Vierbeiner z.B. in der Stadt nur an Laternenpfähle pinkeln lassen. So ein korrekt gehaltener Hund, der kackt praktisch auch in die Plastiktüte, allerdings auf Umwegen. Das heißt, er kackt z.B. auf die Straße, aber Herrchen oder Frauchen klauben das Ergebnis mit einer Plastiktüte auf, die in manchen Städten sogar in einem „Hunde-Kack-Tüten" Behälter angeboten wird. Einfach super. Muss sich auch gut anfühlen, wenn man so einen Haufen noch warmer Hundescheiße mit einer umgestülpten Plastiktüte aufsammelt...Na ja, keine weiteren Einzelheiten!

Aber diese Hundehalter, die sich für die Hundekacke ihrer Vierbeiner zuständig fühlen und – ihren Ekel überwindend – diese in einer Plastiktüte entsorgen, sind eine, wenn auch bewundernswerte, Ausnahme.

Die Hundebesitzer, die man in seinem eigenen Umfeld beobachten kann, nutzen in der Mehrzahl ihre nähere oder weitere Umgebung, um ihrem vierbeinigen Liebling Gelegenheit zu geben, sich zu erleichtern, um mal eine alternative Formulierung zu gebrauchen.

Aber auch bei dieser Spezies gibt es natürlich noch Unterschiede. Man hat sozusagen besondere Vorlieben, wo man die Hunde kacken und pinkeln lässt. Die einen lassen die Hunde einfach dort kacken oder pinkeln, wo sie wollen. Das führt dann zu diesen Tellerminen auf Bürgersteigen und öffentlichen Plätzen und unterschiedlich großen Pfützen an den verschiedensten Stellen.

Andere bevorzugen Spielplätze und öffentliche Grünanlagen. In diesem Zusammenhang sind Begriffe wie Rücksichtslosigkeit oder auch Hinterfotzigkeit durchaus angebracht, vor allem, wenn man an Krabbelkinder denkt. Aber es reicht auch schon aus, wenn man mit dem Kinderwagen nach Hause kommt und sich im Flur oder sogar in der Wohnung ein eigenartiger Geruch entwickelt, der eindeutig nicht aus den Windeln kommt, sondern von den Reifen, mit denen man durch die Hundescheiße gefahren ist.

Was die Grünanlagen angeht, die von nicht wenigen Hundebesitzern als Kackwiesen genutzt werden, so freuen sich die Stadtgärtner besonders, wenn ihnen auf den Sitzrasenmähern die braunen Bröckchen um die Ohren fliegen.

Sie finden die Geschichte irgendwie nicht appetitlich? Da haben Sie Recht, aber verwechseln Sie bitte nicht Ursache und Wirkung.

Im Zusammenhang mit den Grünanlagen fällt mir noch dieser Blick der Hundebesitzer ein, wenn der Hund sich löst, um den Vorgang einmal etwas rücksichtsvoller oder waidmännischer zu bezeichnen. Haben Sie doch bestimmt auch schon öfter gesehen, wenn der Hund etwas gekrümmt und konzentriert auf dem städtischen Rasen hockt und Herrchen oder auch Frauchen mit geradezu leicht verträumtem Blick beobachten, wie der Hund sich unterhalb des Schwanzes langsam aber sicher quasi verlängert.

Den Hunden scheint das Ganze bisweilen eher peinlich zu sein, aber die Besitzer stellen sich vielleicht dabei vor, wie schön es doch wäre, wenn es bei ihnen selbst auch so problemlos funktionieren würde. Falls das nicht der Fall sein sollte, empfehle ich diesen Hundebesitzern, es selbst auch einmal in den städtischen Anlagen zu versuchen. Vom Ergebnis her wäre die Sauerei durchaus vergleichbar, wobei ich nicht glaube, dass die Hunde dabei derartig interessiert zuschauen würden...!

Kommen wir noch ein bisschen zum Thema „Revier markieren", ehe das vergessen wird.

Vielleicht sollte ich es mit einem Beispiel verdeutlichen.

Ich komme morgens aus dem Haus, um die Zeitung aus dem Briefkasten zu holen und sehe, wie ein Hund gerade gegen den Reifen meines Autos pinkelt. Irgendwie empfinde ich den Vorgang als Affront, nicht nur mir, sondern auch meinem Auto gegenüber, das bislang meistens seine Pflicht getan hat und es einfach nicht verdient, derartig mit Verachtung gestraft zu werden. „Guten Morgen, ich möchte nicht, dass Ihr Hund an den Reifen meines Autos pinkelt," begrüße ich freundlich und selbstbeherrscht den Hundebesitzer und erhalte ziemlich jovial zur Antwort: „Moin, kein Grund zur Aufregung. Der Hund markiert lediglich sein Revier; das entspricht absolut seinem Naturell und ist wirklich nichts Besonderes."

Komisch, da hält so ein Hundebesitzer etwas für völlig normal, was ein anderer Mensch als abstoßend empfindet. Wieso braucht der Hund mein Auto, um sein Revier zu markieren? Warum nimmt er dazu nicht den Wagen seines Besitzers. Diese Frage kann mir der Hundehalter nicht beantworten, sondern schüttelt nur den Kopf darüber, wie Menschen so wenig Verständnis für das Naturell seines Hundes haben können.

Sicherlich würde er auch nicht verstehen, dass es mir nicht gefällt, wenn ständig an meine Hecke gepinkelt wird und es bestimmt auch für normal halten, dass sein Hund vor meinen Carport kackt, so dass man sich bei schwachen Lichtverhältnissen schon gar nicht mehr traut, ins Auto zu steigen. Wenn man sich nämlich, sozusagen mit einer doppelten Schuhsohle ins Auto gesetzt hat und diese schön auf der geribbelten Fußmatte oder vielleicht sogar auf dem wunderbar in Blau verkleideten Fußraum verteilt hat, dann ist der Wagen im Grunde genommen unbrauchbar und müsste mit weit geöffneten Fenstern durch die Waschanlage gefahren werden.

Freunde von uns wohnen in Lindenthal, einem edlen Stadtteil von Köln, dessen exklusive Wohnlage sich nur Bürger erlauben können, die über eine gewisse finanzielle Unabhängigkeit verfügen. Wenn man allerdings daraus den Schluss zöge, dass damit auch ein gutes Benehmen aller Residenten verbunden wäre, dann sitzt man nicht nur einem tragischen Irrtum auf, sondern könnte durchaus meinen, dass das Gegenteil der Fall ist.

Diesen Freunden wird nämlich regelmäßig in den gepflegten Vorgarten gekackt, weil die Hunde offensichtlich allergisch gegen die eigenen großen Grundstücke sind.

Werden die Übeltäter darauf angesprochen und gebeten, dieses Stoffwechselendprodukt zu entfernen, hören sie nicht selten die Antwort. „Wie soll ich denn hier in diesem blöden Bodendecker vor Ihrem Haus die Scheiße überhaupt wiederfinden?"

Offensichtlich selbst Schuld, wenn unsere Freunde die Bepflanzung im Vorgarten nicht längst so gestaltet haben, dass man die Hundehaufen besser sehen kann...

Fehlt nur noch dieser Spruch vieler Hundebesitzer, deren Vierbeiner unkontrolliert ihre Duftmarken und auch handfestere Erzeugnisse im Stadtgebiet verteilen: „Was regen Sie sich eigentlich künstlich auf. Wir zahlen schließlich Hundesteuer und das nicht zu knapp!"

URLAUBSBEKANNTSCHAFTEN

Die meisten Menschen haben Verwandte, Nachbarn, Freunde, Kollegen und Bekannte, deren Anzahl sehr unterschiedlich sein kann. Verwandte, das sind diese Menschen, die man sich nicht aussuchen kann. Da gibt es natürlich sonne und sonne!

Das haben Nachbarn mit Verwandten grundsätzlich gemeinsam, auch wenn man sich die Nachbarn ja theoretisch aussuchen könnte. Selbst, wenn man das täte, könnte es sich ändern, weil Nachbarn wechseln, ohne uns zu fragen und bisweilen auch sterben, ohne selbst gefragt zu werden. Nachbarn können, genau wie Verwandte, zwar auch ungebeten und unangemeldet zu Besuch kommen, aber sie bleiben dann wenigstens nicht über Nacht; obwohl auch Nachbarn manchmal ganz schön lange bleiben!

So richtige Freunde, diese berühmten Menschen, mit denen man durch Dick und Dünn gehen kann, ohne so ganz genau zu wissen, wann was dick oder dünn ist, hat man in der Regel nicht viele. Freund, das ist für mich jemand, den ich schon sehr lange kenne, auf den ich mich hundertprozentig verlassen kann, und der immer für mich da ist, wenn ich ihn brauche. Und zwar merkt er das von selbst, ich muss es ihm nicht sagen. Im Gegensatz zu Verwandten kann man sich seine Freunde aussuchen. Sie können übrigens männlich oder weiblich sein.

Solche Freunde, wie ich sie meine, darf man auch nicht verwechseln mit den Figuren, die z.B. im politischen Bereich auf Neuhochdeutsch als „my friend" bezeichnet werden. Ich bin übrigens grundsätzlich der Meinung, dass man im angelsächsischen Bereich sehr viel großzügiger mit dem Begriff „friend" umgeht, als dies in Deutschland mit dem Wort „Freund" der Fall ist, obwohl man nicht verkennen darf, dass es auch bei uns eine gewisse Inflation gibt, was den Gebrauch des Begriffs „Freund" angeht.

Kollegen, natürlich auch Kolleginnen, das sind die Menschen, mit denen man Freud und Leid am Arbeitsplatz teilt. Wenn man sich mit einem von ihnen besonders gut versteht, dann kann er auch ein Freund werden, und bleibt deswegen natürlich trotzdem auch weiterhin noch Kollege.

Bekannte, das sind Menschen, die keine Verwandten sind, obwohl Verwandte natürlich im weitesten Sinne auch Bekannte sind, ebenso wie Nachbarn und Freunde, die einem ja auch bekannt sind.

Man könnte also sagen: Verwandte, Nachbarn, Kollegen und Freunde sind zusätzlich auch noch Bekannte, aber Bekannte, die sind sonst eben nichts.

Es gibt von diesen Bekannten die unterschiedlichsten Sorten. Grundsätzlich unterscheidet man zwischen guten und flüchtigen Bekannten und solchen, die man nur vom Namen her kennt. Alle drei Arten können dann noch bestimmten Tätigkeiten, Gelegenheiten oder Örtlichkeiten zugeordnet werden.

Da gibt es z.B. Bekannte, die man „ausser Firma" kennt, wie man im Kohlenpott sagen würde, also eigentlich Kollegen. Auch Kegelbrüder sind Bekannte, wenn man sich nicht intensiver mit ihnen verbrüdert hat.

Selbst Menschen, die im Rathaus beschäftigt sind, können den Status eines Bekannten erreichen, wenn man öfter mit ihnen zu tun hat.

Wenn man mit bestimmten Menschen gelegentlich eine kleine Fahrradtour macht, dann sind das natürlich auch Bekannte, genau wie Menschen, die man regelmäßig im Sportverein trifft. Diese können sich im Laufe eines Lebens bis zum Sportsfreund hocharbeiten. Das sind aber die echten Ausnahmen.

So, und dann gibt es noch diese Bekannten, die man an bestimmten Örtlichkeiten – nicht zu verwechseln mit Örtchen! – gelegentlich oder auch regelmäßig trifft. Das kann auf dem Wochenmarkt ebenso sein wie im Supermarkt und natürlich auch im Baumarkt und auf dem Bauhof.

Soweit der quasi wissenschaftliche Vorspann zu der kleinen Geschichte, die ich Ihnen am Schluss dieses Büchleins erzählen möchte. Sie handelt von einer ganz besonderen Sorte von Bekannten, die sowohl einer bestimmten Tätigkeit, in diesem Falle sagt man wohl besser Untätigkeit, zugeordnet werden können, wie auch einer bestimmten Gelegenheit und auch einer klar definierten Örtlichkeit. Die Rede ist von Menschen, die unter dem Begriff „Urlaubsbekanntschaften" zusammengefasst werden können.

Solche Urlaubsbekanntschaften entwickeln sich sehr unterschiedlich, aber alle kommen, wie der Name schon sagt, im Urlaub zustande.

Wenn man eine Schiffsreise macht, kann es sein, dass uns vom Personal ein bestimmter Tisch zugeteilt wird, an dem noch weitere Menschen sitzen. Wenn wir also mit unserer Herzallerliebsten so eine Traumreise auf einem Luxusliner gebucht haben, sitzen wir eben nicht allein an einem Tisch, sondern teilen ihn uns z.B. mit Frau und Herrn Krösenbauer. Ob es sich bei diesen Leuten um ein glückliches Paar handelt oder eher um eine Zweckgemeinschaft, ob diese Krösenbauers uns sympathisch sind oder nicht, kann man erst beurteilen, wenn man einige Mahlzeiten mit ihnen geteilt hat. Dann kann man nämlich feststellen, ob diese uns zugeteilten Mitreisenden die mitteleuropäischen Tischsitten beherrschen und über ein funktionsfähiges Deodorant verfügen.

Wie auch immer, es handelt sich bei dieser Art von Urlaubsbekanntschaft nicht um ein zufälliges Zusammentreffen, sondern um ein organisiertes Zusammensetzen.

Entscheidet man sich für einen Urlaub in so einer Ferienanlage in einem fernen Land, in dem die Sonne wärmer ist und länger scheint als in Deutschland, macht man in der Regel die unterschiedlichsten Bekanntschaften. Das kann sich beim gemeinsamen Essen ergeben, beim Genießen der Pool-Landschaft oder auch am Strand. Die Bar ist auch immer ein guter Treffpunkt oder auch die unterschiedlichsten Aktivitäten der Animateure.

Völlig anders ist es, wenn man seinen Urlaub in einer kleinen Pension im bayrischen Wald verbringt und dort auf Grund der begrenzten Räumlichkeiten sein Leben praktisch mit den anderen Gästen teilt. Diese Art der Urlaubsbekanntschaft könnte man im weitesten Sinn als Urlaubs-familie bezeichnen.

Wie auch immer, man trifft im Urlaub andere Leute, die uns mehr oder weniger sympathisch sind. Finden wir sie nett, verbringt man täglich einige Stunden miteinander. Ja, es kommt sogar zu gemeinsamen Unternehmungen wie Landausflügen auf Schiffsreisen, Aqua Jogging in der Pool-Landschaft, Wanderungen oder einfach nur zum gemeinsamen Aperitif vor dem Abendessen. Man findet diese Krösenbauers oder Bornhöfers einfach nett, und weil im Urlaub alles weniger steif und formell ist als in Deutschland, geht man vom förmlichen „Sie" relativ schnell über zum wesentlich vertrauteren „Du". Man trinkt abends sein Bier oder Gläschen Wein mit Helga und Arnold, knobelt eine Runde oder spielt Karten zusammen. Dabei wird dies und das von Zuhause erzählt und bereits nach wenigen Tagen hat man irgendwie den Eindruck, man würde sich schon ein Leben lang kennen.

Sicher, es gibt da schon ein paar Dinge, die einen etwas stören. So hat Helga z.B. einen sehr extravaganten Geschmack, was ihre Garderobe angeht, trägt noch Bikini, obwohl ein Badeanzug alles etwas besser zusammenhalten würde und lacht auch immer etwas zu laut und schrill. Auch Arnold hat natürlich so ein paar Eigenschaften, auf die man gern verzichten könnte. Wenn er z.B. mit einem von Bratkartoffeln fettigen Mund aus seinem Weinglas trinkt, das nachher deutliche Spuren seiner gut durchbluteten Lippen aufweist, dann sieht das ein bisschen ekelig aus. Auch dass er immer mindestens ein Glas mehr trinkt als nötig gewesen wäre und einem danach so kumpelhaft auf die Schulter schlägt, ist ziemlich gewöhnungsbedürftig. Aber schließlich hat man selbst auch seine Macken, und im Urlaub sollte man sich amüsieren und nicht so pingelig sein.

Die schönsten Wochen des Jahres, wie man so sagt, vergehen wie im Flug, und bevor man sich verabschiedet, tauscht man natürlich seine Adressen aus. Man umarmt sich, die Frauen haben sogar ein paar Tränen in den Augen, und versichert sich gegenseitig, den Kontakt zu halten. Hans lädt uns ausdrücklich zu sich nach Hause ein. „Ihr müsst unbedingt versprechen, uns in Deutschland mal zu besuchen. Dann schauen wir uns gemeinsam die Urlaubsbilder an und trinken noch mal ein paar Gläschen auf die gute Zeit, die wir zusammen hatten." Meine Herzallerliebste und ich nicken natürlich zustimmend. In Wirklichkeit haben wir allerdings überhaupt nicht vor, das Angebot anzunehmen, hören uns aber mit scheinheiligem Gesicht freundlich sagen:„ Klar, machen wir. Wäre doch schade, wenn man sich aus den Augen verlöre" und fügen hinzu: „Und wenn Ihr mal in der Nähe seid, schaut unbedingt bei uns rein. Falls nötig gibt es auch immer ein Bett, um über Nacht zu bleiben."

Als wir im Flugzeug sitzen, sind wir irgendwie froh, mal wieder für uns zu sein. Gegen Ende des Urlaubs wurde es mit Helga und Arnold doch ein bisschen viel, weil wir in den letzten Tagen eigentlich nichts mehr ohne sie unternehmen konnten. Wenn wir z. B. morgens beim Frühstück unsere Pläne für den Tag austauschten und die Beiden ursprünglich eigentlich etwas ganz anderes vorhatten als wir, waren sie schnell bereit, ihr eigenes Vorhaben über den Haufen zu werfen, um den Tag mit uns zu verbringen. „Eigentlich hatten wir ja vor, uns heute mal einen gemütlichen Tag zu machen, aber wenn Ihr mit in dieses Museum fahren wollt, dann sind wir natürlich auch dabei", bewies Helga dann sofort ihre Flexibilität. Und wir, wir mussten dann auch noch sagen: „Prima, dass Ihr mitkommt, zu viert macht so was doch immer noch mehr Spaß."

In Erinnerung daran schauen wir uns an, heben das Glas Prosecco, das wir, wie mittlerweile in diesen Ferienfliegern üblich, natürlich selbst bezahlen müssen, und prosten uns mit der Feststellung zu: „War ein schöner Urlaub, aber jetzt freuen wir uns auch auf unsere eigenen vier Wände" und meine Herzallerliebste fügt noch mit einem Augenzwinkern hinzu: „Und ohne Helga und Arnold."

Zu Hause angekommen, gibt es die üblichen Nachbereitungen des Urlaubs, und dann hat uns der Alltag wieder.

Ungefähr vier Monate später sitzen meine Herzallerliebste und ich an einem Freitagnachmittag gemütlich bei unserem üblichen „Wochenend-Begrüßungs-Kaffee", als es an der Tür klingelt.

Nichts (Böses) ahnend, öffne ich die Tür und mit einem etwas zu lauten und auch zu schrillen „Damit hast Du wohl nicht gerechnet", fällt mir Helga um den Hals.

Während ich noch ein wenig um Fassung ringe und mich darum bemühe meine Gesichtszüge in freudige Überraschung zu verändern, sehe ich, dass Arnold zwischen zwei

Trollies steht, und dann höre ich ihn auch schon sagen: „ Na, alter Junge, alles klar? Wir haben ein paar Tage Ferien hier in der Gegend gemacht, und bevor wir am Sonntag weiter nach Hause fahren, weil ich Montag wieder arbeiten muss, dachten wir...!"

EINE FAST PHILOSOPHISCHE
SCHLUSSBETRACHTUNG

So, jetzt hoffe ich mal, dass es mir mit diesen kleinen Geschichten gelungen ist, bei Ihnen, den geneigten Leserinnen und Lesern, die Voraussetzung dafür zu schaffen, in die einleitend angesprochene „Aufreg-Solidargemeinschaft" aufgenommen zu werden.

Dann hätte dieses Büchlein seinen Zweck schon fast erfüllt, nur fast, weil etwas natürlich noch fehlt. Sie sollten sich zwar aufregen, aber durch diese „Aufreg-Solidargemeinschaft" gleichzeitig die Fähigkeit zur Gelassenheit erwerben. Auf diese Weise soll verhindert werden, dass Sie möglichen Ärger auch in Zukunft an Ihrer Herzallerliebsten oder dem besten auf dieser Welt verfügbaren männlichen Exemplar auslassen.

Und, hat das auch geklappt? Diese Frage muss jeder für sich selbst beantworten, ohne dabei zu schummeln. Testen kann man es am besten daran, ob man in Zukunft bei einem der in diesem Büchlein beschriebenen Ereignisse lachen kann, statt sich, wie früher, tierisch darüber aufzuregen.

Das Leben ist nämlich zu schade, und vor allem auch zu kurz, um sich über die Dinge aufzuregen, die man sowieso nicht ändern kann.

Auch wenn ich mich im Zusammenhang mit der Christmette als Taufscheinkatholik geoutet habe, heißt das ja nicht, dass ich ein gestörtes Verhältnis zum Herrgott hätte oder der zu mir; was übrigens ja deutlich schlimmer wäre...!

Deshalb möchte ich diese Schlussbetrachtung mit einem Spruch, vielleicht besser gesagt mit einem Gebet des amerikanischen Theologen, Politikwissenschaftlers und Philosophen Reinhold Niebuhr abschließen, das sicherlich den meisten von Ihnen bekannt ist:

„Gott, gib mir die Gelassenheit, Dinge hinzunehmen, die ich nicht ändern kann, den Mut, Dinge zu ändern, die ich ändern kann, und die Weisheit, das eine vom anderen zu unterscheiden."

Das wünsche ich Ihnen allen und natürlich auch mir selbst!

Mehr von Jürgen Hübschen

Der Lack ist ab – na und?!
Lebens- und Überlebenshilfe für alle, die auch vom Alter überrascht wurden

„Das Buch schafft nicht nur ein wenig Trost, vielmehr bündelt der Berufsoptimist Jürgen Hübschen hier ein weiteres Mal seinen Humor und holt die Leser - und nicht nur die seiner Generation - auf die Sonnenseite des Lebens oder beleuchtet jene Schattenseiten mit einer gehörigen Portion Sprachwitz."
Der Coesfelder

agenda Verlag, Münster 2007, 100 Seiten, 12,00 €, ISBN 978-3-89688-325-4

Badetag und Wundertüte

„Der Leser findet seine Kindheit wieder in der Erzählung von Jürgen Hübschen"
Münstersche Zeitung

„Genüsslich beschreibt Jürgen Hübschen die Prozedur des Brauspulver-Leckens und alle Leser spüren wieder das Prickeln auf der Zunge"
Westfälische Nachrichten

agenda Verlag, Münster 2009, 120 Seiten, 2. erweiterte Auflage, 12,00 €, ISBN 978-3-89688-395-7

Badetag und Wundertüte (Hörbuch)

als **Hörbuch im MP3-Format**
Gesamtspielzeit 3 Std. 57:50 Min

agenda Verlag, Münster 2008, 14,80 €
ISBN 978-389688-344-5

„Hecht ist leider aus"
oder: Worüber ich mich schon immer mal aufregen wollte

Hübschen erzählt in seinem neusten Büchlein von einigen typischen Nickeligkeiten des Alltags, über die sich Otto der Normalverbraucher aufregen muss und auch aufregen will. Mit gewohnt leichter Feder und einer Menge Humor zeigt er die unterschiedlichsten Anlässe auf, bei denen uns schnell „der Kragen zu eng wird".Gleichzeitig macht er uns auf eine hintergründige Art und Weise klar, dass uns diese kleinen Ärgernisse miteinander verbinden, weil wir sie ja alle, wenn auch vielleicht in unterschiedlicher Intensität, erleben und aushalten müssen.

Hübschen behauptet, dass man sich irgendwie besser fühlt, wenn man das Büchlein gelesen hat!

agenda Verlag, Münster 2010, 132 Seiten, 12,00 €
ISBN 978-3-89688-410-7

Der Irak-Kuwait-Krieg
Chronologie einer programmierten Katastrophe

„Wer sich über die Vorgeschichte der Ereignisse am Golf ein Bild machen möchte, findet im Buch von Hübschen eine Fülle von Detailinformationen. Die klare und direkte Sprache lässt dabei die Lektüre zur kurzweiligen Angelegenheit werden – ein lesenswertes Buch".
Frank Henning, Magazin: *Die Bundeswehr*

Detlef Mönch, Druck & Verlag, Essen 2003, 3. überarbeitete Auflage, 418 Seiten, ISBN 3-934173-09-8
Sonderpreis 5 €
www.friedenssicherung-und-sicherheitskonzepte.de

Die Zukunft des Irak – Pax Americana?

„Überhaupt ist Hübschens Buch voller überraschender Zitate. Sein umfangreiches Werk wird dadurch lesbar, dass man fast überall einsteigen kann und sofort einen Einblick in den Verlauf der Ereignisse bekommt. Hübschen hat ein gut strukturiertes, ein fast enzyklopädisches Buch vorgelegt, das voll von Daten und Fakten ist. Inhaltlich setzt sich der Fachmann Hübschen deutlich von der amerikanischen Politik ab."
Heiko Flottau, *Süddeutsche Zeitung*

Edmund Steinschulte Verlag, Wiesbaden 2008, 2. überarbeitete Auflage, 640 Seiten, ISBN 978-3-86778-004-9
Sonderpreis 8 €
www.friedenssicherung-und-sicherheitskonzepte.de

Antönnchen, der kleine Hase
Gute-Nacht-Geschichten für große und kleine Leute

1. Auflage mit CD vom Autor selbst gesprochen
Illustriert von Gabriele Russell

Sonderpunkt Verlag, Münster 2008
ISBN 978-3-938329-40-5

Antönnchen und seine Freunde
Neue Geschichten von Antönnchen, dem kleinen Hasen

1. Auflage mit CD vom Autor selbst gesprochen
Illustriert von Gabriele Russell

Sonderpunkt Verlag, Münster 2009
ISBN 978-3-938329-46-7